Georg Ebers

Sinnbildliches - Die koptische Kunst

ein neues Gebiet der altchristlichen Skulptur und ihre Symbole

Georg Ebers

Sinnbildliches - Die koptische Kunst
ein neues Gebiet der altchristlichen Skulptur und ihre Symbole

ISBN/EAN: 9783743489585

Hergestellt in Europa, USA, Kanada, Australien, Japan

Cover: Foto ©Thomas Meinert / pixelio.de

Manufactured and distributed by brebook publishing software (www.brebook.com)

Georg Ebers

Sinnbildliches - Die koptische Kunst

SINNBILDLICHES

DIE KOPTISCHE KUNST

EIN NEUES GEBIET DER ALTCHRISTLICHEN SCULPTUR

UND IHRE SYMBOLE

EINE STUDIE

von

GEORG EBERS.

MIT 44 ZINKOTYPIEN.

LEIPZIG
VERLAG VON WILHELM ENGELMANN
1892.

VORWORT.

Die koptische Kunst ist ein neuer Begriff; denn vor der GAYET'schen Veröffentlichung einer beträchtlichen Anzahl in ihren Kreis gehörender Denkmäler hatte sie von keiner Seite Berücksichtigung gefunden. Die einzelnen Stücke waren übersehen oder mit Altbyzantinischem zusammengeworfen worden, und sie als Ganzes ins Auge zu fassen, hatte es an Gelegenheit gefehlt. Dürfen sie nun auch auf höheren ästhetischen Werth keinen Anspruch erheben, so bieten sie doch in der Gesammtheit und zum Theil auch im Einzelnen ein so hohes Interesse, dass sie es sicher verdienen, den Kunsthistorikern, den Theologen und besonders den Freunden der älteren christlichen Kunst bekannt zu werden. Auch dem Kulturhistoriker und Völkerpsychologen wird es anziehend erscheinen, das Ineinandergreifen verschiedener Ideen und Kunstkreise, das sich auf ihnen nachweisen lässt, näher ins Auge zu fassen.

Herrn GAYET gebührt das Verdienst, dies ermöglicht zu haben; denn was besonders GASTON MASPERO an koptischen Monumenten in Aegypten gefunden und im Museum von Bulaq aufgestellt hatte, das gibt er in seiner Publication aufs Beste wieder und weist in seinem Vorworte auch schon auf den Einfluss, den das heidnische ägyptische Element mit Ueberspringung des hellenischen auf die Kunst der Kopten übte.

Als wir diesen Monumenten näher traten, richteten wir unsere Aufmerksamkeit besonders auf die Symbole und fanden eine ganze Reihe, die der ältesten heidnischen Zeit entstammend[1], in christ-

---

[1] Auch das Kreuz S. 20, 2a kommt schon auf den alten Pyramideninschriften vor, verschwindet dann und kehrt bei den Kopten (und Spaniern) wieder.

lichem Sinn umgedeutet worden waren und von denen einige Gemeingut der christlichen Kirche des Morgen- und Abendlandes werden sollten.

Manche Wahrnehmung, die sich dem Verfasser gegenüber diesen Denkmälern aufdrängte, fand er so merkwürdig, dass er im vergangenen Winter eine andere vielleicht wichtigere Arbeit aus der Hand legte, um ihnen den Löwenpart seiner Kraft und Zeit zu widmen. Die Freunde, denen er Einblick in die Resultate seiner Beobachtungen gewährte, drängten ihn, sie auch weiteren Kreisen mitzutheilen, und er gab ihnen um so williger nach, in je weniger Exemplaren die Gayet'sche Publication sich in Deutschland finden möchte. Da es keine Zeitschrift gibt, die es auf sich genommen hätte, die ziemlich umfangreiche Arbeit mit den Abbildungen zu versehen, ohne die sie nur halb verständlich sein würde, entschloss sich der Verfasser, sie als besonderes Heft herauszugeben. Die Reproductionen der in den Text verflochtenen Darstellungen werden mit arabischen Ziffern 1, 2, 3, etc. versehen, während die römischen Zahlen auf die Tafeln des Gayet'schen Werkes verweisen. Für die Erlaubniss, diese zu benutzen und mit Hilfe der Zinkographie unseren Zwecken dienstbar zu machen, sind wir unserem lieben und verehrten Collegen Mr. Gaston Maspero, dem obersten Leiter des so segensreich wirkenden französischen Institutes für ägyptologische und andere orientalische Studien in Kairo besonders verpflichtet. Der Verlagshandlung sagen wir den besten Dank für den mit Theilnahme an dem Gegenstande unserer Untersuchungen gepaarten Eifer, den sie der Herstellung der Illustrationen widmete, die, wie gesagt, der Verständlichkeit des Textes in so willkommener Weise zu Hilfe kommen.

Tutzing am Starnberger See,
14. Juli 1892.

Georg Ebers.

Die folgenden Betrachtungen sind der koptischen Kunst und ihren Symbolen gewidmet.

Was ist das?, höre ich viele fragen, und es wird darum zuerst gelten, die Bedeutung dieser Worte zu umgrenzen.

Wir verstehen unter koptischer Kunst diejenigen Sculpturen aus Metall, Stein, Holz oder Thon (Malereien blieben nur in spärlichen und beschädigten Resten erhalten), die von der Spaltung der christlichen Gemeinde in Monophysiten und Orthodoxe nach dem Concil von Chalkedon (451 n. Chr.) an bis zur Zeit der Besitzergreifung Aegyptens durch den Islam (640 n. Chr.) und auch noch über dieselbe hinaus, bis etwa ins 9. Jahrhundert n. Chr. von ägyptischen Christen als etwas Besonderes, für sich Bestehendes hergestellt wurden.

Es ist bekannt, wie schnell und leicht die heidnischen Nationalägypter sich dem Christenthum in die Arme warfen, in dem sie viele Grundlehren ihrer alten Religion in veredelter und zu Alexandrien der philosophischen Denkweise der Hellenen angepasster Form wiederfanden.

Diese Denkweise war den Freien und Gebildeten unter ihnen selbst zu eigen geworden, nachdem sie lange Zeit unter makedonischen Herrschern gelebt und Schulen und geselliger Verkehr sie zu halben Griechen gemacht hatten. Später setzten sie sogar an Stelle ihrer alten schwerfälligen Hieroglyphenschrift die einfachere und gelenkere, nur durch wenig Zusatzbuchstaben modificirte der Griechen. Dies war gewiss nicht nur geschehen, um damit litterarischen und wirthschaftlichen Zwecken entgegenzukommen; denn die gesammte Bildung hatte sich vor Christi Geburt hellenisirt. Wer als Gelehrter oder

Dichter etwas zu sagen hatte, schrieb griechisch; und wer sich die Werke der hellenischen Gelehrten und Dichter zu eigen zu machen wünschte, der konnte sie in der Originalsprache lesen, und er that es auch fleissig, wie die zahlreichen unter dem Schutt verfallener Städte aufgefundenen oder zu Pappe verklebten Papyrusstücke mit Fragmenten der Werke griechischer Poeten und Philosophen lehren. Für die Herstellung von gerichtlichen und notariellen Acten, von Contracten und Verträgen genügte die sogenannte demotische oder Volksschrift, eine Abkürzung der Hieroglyphen, der die jüngste Sprachstufe des Aegyptischen, die dem Koptischen voranging, zu Grunde lag, oder wiederum das Griechische.

Aber das religiöse Bedürfniss und die Hingabe der Aegypter an das Christenthum waren so mächtig, dass sie auch die wichtigsten Forderungen des weltlichen Lebens überwogen, und so wurde die griechische Schrift der Volkssprache, wie sie sich bei der Verbreitung des Christenthums in Aegypten vorfand, in erster Reihe angepasst, um auch für das des Griechischen unkundige geringere Volk ihm zugängliche und verständliche Bibelübersetzungen, liturgische und andere religiöse und kirchliche Schriften, zu denen wir auch die Hymnen und geistlichen Lieder der koptischen Dichter zählen, herzustellen.

Die neue Religion und das Interesse an derselben drängte alles Andere tief in den Schatten, und da das Christenthum am Nil eine streng asketische Färbung gewonnen hatte, wandten seine ägyptischen Bekenner, wie von Allem, was den Sinnen Reiz und Befriedigung bot, sich auch von der bewährten griechischen Kunst ab, der sie, so lange sie nach dem Verlust ihrer Selbständigkeit dem Dienste heidnischer Götter ergeben gewesen waren, gestattet hatten, ihre ehrwürdige heimische Kunst zu verdrängen.

Nach dem Concil von Chalkedon, das schon erwähnt ward, verschärfte sich der Gegensatz zwischen den Nationalägyptern und Griechen in verhängnissvoller Weise. Diese hatten sich dem Beschluss der kirchlichen Versammlung gefügt, welche der Person Christi eine Doppelnatur, eine göttliche und eine menschliche zuschrieb, während die Aegypter der Meinung des Cyrill und seines Nachfolgers auf dem Bischofsitze von Alexandrien Dioscorus, die auf dem Concil von Ephesus Anerkennung gefunden hatte, anzuhängen fortfuhren und auf der Ansicht bestanden, dass das Göttliche in Christus alles

Menschliche gleichsam aufgezehrt habe. Diese Lehre hatte den feurigsten Vertheidiger in dem Archimandriten Eutyches gefunden, und nach ihm nannten sich darum die Aegypter Eutychianer oder — wegen ihrer Ueberzeugung, dass Christus nur einer, nämlich göttlicher Natur sei — Monophysiten.

Dieser Lehrmeinung zu Gefallen hat sich der Nil dann oft genug mit Menschenblut geröthet und ist grosses Elend an seine Ufer gekommen.

So tief war die Kluft, welche diese religiöse Meinungsverschiedenheit zwischen den herrschenden Griechen und den beherrschten ägyptischen Monophysiten riss, dass diese, als die Völker verschlingende Macht des Islâm sich auch gen Westen wandte und an den Nil vordrang, sich williger fanden, den Muslimen Vorschub zu leisten, als den verhassten Andersgläubigen, die sich vermassen, in der Person des Heilands zwei Naturen zu sehen, bei ihrer Abwehr zu helfen.

Bis heute hängen die Nachkommen des Pharaonenvolkes an der Lehre des Eutyches. Man nennt sie Kopten[1]), und sie waren sämmtlich Monophysiten, bis es seit einigen Jahrzehnten den Missionären der protestantischen amerikanischen Presbyterianer gelingt, viele von ihnen, besonders in Oberägypten, für den Protestantismus zu gewinnen.

Wer die Geschichte der Demuthigungen und Verfolgungen kennt, die dieser auch durch nationale Bande eng zusammengeschlossenen Gemeinde um ihres Bekenntnisses willen von den orthodoxen Byzantinern an bis zu den Mamlukensultanen und den türkischen Bēs, die sie beherrschten, auferlegt wurden, der muss ihre Zähigkeit und Widerstandskraft bewundern und leicht verstehen, wie sie dahin kommen konnte, auch auf dem Gebiete der Kunst eigene neue Wege zu suchen.

---

1. Dieser Name für die christlichen Aegypter kam erst seit der Herrschaft der Araber über Aegypten auf und bezeichnet nur »Aegypter«. Man hat ihn auch von der Stadt Koptos (arab. Keft) und einem alten mystischen Könige von Aegypten Kbt'im, Sohn des Mizraim, ableiten wollen. Andere hielten ihn für eine Verstümmelung des Namens »Jacobit«, den man den Monophysiten im Gegensatz zu den Orthodoxen (Melchiten oder Kaiserliche) beilegte. Aber unser Name ist doch nur eine verderbte Form des griechischen Αἰγύπτιος, das im Munde der Kopten selbst zu Gyptios oder Kyptaios, in dem der Araber zu Qibt wurde.

Zum ersten Male stehen wir jetzt den zu einer Gruppe vereinten Denkmälern gegenüber[1], an denen die christlichen Aegypter es sich zu einer Zeit genügen liessen, in der ihnen noch von allen Seiten her herrliche Gebilde der griechischen Plastik entgegenschauten; denn hatten die Edicte des Theodosius auch die Götterbilder zu vernichten geboten, so wissen wir doch, wie unvollständig sie zur Ausführung gelangten. Ausserdem bezogen sich die bilderfeindlichen Verordnungen nicht auf die Statuen und Büsten der Fürsten, Philosophen u. s. w.; diese aber waren in unzählbarer Menge vorhanden. Wie viele solche Sculpturen in griechischem Kunststile wurden allein bei dem Serapeum von Memphis, als Mariette es ausgrub, gefunden! Der Sand hatte sie vor der Verschleppung und Vernichtung bewahrt.

Der Bildersturm, der erst unter dem isaurischen Papst Leo III. im zweiten Viertel des achten Jahrhunderts von Rom aus die religiösen Kunstwerke der Verehrung entzog und sie in Mengen vernichtete, konnte keinerlei Einfluss auf die koptische Bildnerei üben, die uns schon in weit früherer Zeit als etwas Fertiges entgegentritt.

[1] Mr. Gayet führte sie unter den Auspicien des so fruchtbar wirkenden französischen Instituts für ägyptologische und andere orientalische Studien zusammen. Gayet, Les monuments coptes du musée de Boulaq. Mémoires publiés par les membres de la Mission archéologique française au Caire. Sous la direction de M. Maspero, m. d. l'Institut. Tome III, fascicule 3, Paris, Leroux 1889. Leider fasste Gayet nur die von Maspero im Museum von Bulaq aufgestellten koptischen Monumente zusammen. Später wird es ihm und Anderen gelingen, noch weit mehr Denkmäler der gleichen Gattung zusammenzubringen; fanden wir doch selbst, ohne besonders darnach Ausschau zu halten, auf unseren Nilfahrten mehrere derselben und darunter (zu Girge) eine marmorne Platte mit einer grösseren Inschrift, die wir dem Museum zu Bulaq schenkten. Auch kleinere Monumente dieser Art kamen in unseren Besitz, und es werden sich, wie gesagt, noch viele finden lassen, von denen man neue Aufschlüsse erwarten darf. Beweglichere Fachgenossen als der Schreiber dieser Zeilen sollten es sich zur Aufgabe machen, die in den Museen und Nilstädten erhaltenen koptischen Sculpturen zu sammeln. Immerhin ist Mr. Gayet's Publication so wohlgelungen wie nützlich. Ein kleines Zuviel wollen wir ihr nicht zum Vorwurfe machen; als solches möchten wir aber den Umstand bezeichnen, dass er einige Monumente abbildete, die nicht koptisch sind, sondern theils der griechisch-christlichen, theils der byzantinischen Kunst ihren Ursprung verdanken. So Taf. III, Fig. 4 das Kapitäl aus der alten Marcuskirche zu Alexandria, das Araber zu einem Trog für das Vieh aushöhlten. Tafel V, Fig. 6 und zwei andere Blätter, Taf. IV, Fig. 5 und Taf. VI, Fig. 7, sind ausserhalb der ägyptischen Einflusssphäre auf die christliche Kunst entstanden.

Datirte Werke, die der Zeit vor und nach dem Bildersturm entstammen, weichen in keiner Hinsicht von einander ab, zeigen Unterschiede weder in der Wahl der dargestellten Gegenstände, noch in der Vortragsweise.

Das rohe Treiben der Ikonoklasten konnte Aegypten auch nur oberflächlich berühren, da es längst vor dem Beginn dieser Bewegung ein muslimisches Land geworden war, in dem die koptisch-christliche Gemeinde als geduldete, im Ganzen selbstständige religiöse Genossenschaft in kleiner Minderzahl lebte.

Freilich war es zum Theil die Scheu vor den Arabern und Juden, die sich den christlichen Bilderanbetern gegenüber viel auf ihre reinere geistige Auffassung der Gottesidee zu Gute thaten, die den Bildersturm erweckt hatte; es traten aber bei demselben vornehmlich die beiden Principien ins Feld, die später als Katholicismus und Protestantismus einander gegenübertreten sollten.

Wie weit unter den Kopten die Missbräuche gediehen waren, die ihre ausserägyptischen christlichen Zeitgenossen im siebenten und achten Jahrhundert dahin führten, das Bild mit der Idee zu verwechseln, die es darstellen sollte, ihm selbst Anbetung zu zollen, ihm zu opfern, es in heidnischer Weise zu schmücken, zu bekleiden und ihm Wunderkraft zuzuschreiben, ist schwer zu bestimmen, doch waren die Symbole, die für die Gestalten der erhabensten Persönlichkeiten des christlichen Glaubenskreises eintraten, wenig geeignet, sie mit Verirrungen dieser Art zu ehren; auch ist das Symbol immer nur etwas Mittelbares, das in sich selbst zusammenfallen musste, sobald man es von der Idee trennte, die es zur Darstellung brachte.

Endlich hatten die Kopten sich von jeher der orthodoxen Kirche als Dissidenten feindlich entgegengestellt, und ein päpstliches Decret kümmerte sie so wenig wie der Beschluss der kaiserlichen Synode von Konstantinopel (754), der die Bilder verwarf, oder wie der des Concils von Nicäa (787), der nur die kirchliche Verehrung, nicht die Anbetung der Bilder gestattete. Auch der endliche Triumph der Bilderfreunde, an deren Spitze der sinnlichen Andacht holde Kaiserinnen standen, scheint ihr Verhältniss zu religiösen Darstellungen unberührt gelassen zu haben.

Als die Kopten ihre eigenartige Kunst auszuüben begannen (im fünften und sechsten Jahrhundert), müssen noch viele Bildhauer im engsten Anschluss an den griechischen Kunststil thätig gewesen sein; denn wir wissen, dass auch damals Statuen und Büsten der kaiserlichen Familie hergestellt wurden und in den Gerichtssälen, auf öffentlichen Plätzen etc. aufgestellt wurden. Es hat sich manche erhalten[1]) und wir werden von den christlichen oder christlich umgedeuteten heidnischen Motiven zu reden haben, die ausserhalb der koptischen Kreise Bildhauern, Malern und Musikkünstlern dienten, um Grabstätten, Altäre, Sarkophage etc. in hellenischer Vortragsweise zu schmücken.

Im fünften bis siebenten Jahrhundert, in der Zeit, der die meisten unserer Monumente — mehrere sind datirt — entstammen, gab es am Nil jedenfalls noch überall Proben zweier bewährter Kunstkreise, des heidnisch-ägyptischen und des hellenischen, zu sehen, die dem christlichen Bildhauer hätten zum Vorbilde dienen können.

Die schöpferische Thätigkeit auf heidnisch-ägyptischem Gebiet war freilich schon wenigstens zwei Jahrhunderte erstorben, als das erste der uns beschäftigenden Monumente hergestellt wurde; denn der Name des Decius ✝ 251 ist der letzte, der an einem Bauwerk im Stil der Pharaonenzeit im Tempel von Esne (Latopolis) vorkommt. Ausser vielleicht auf der Insel Philae jenseits der äussersten Südgrenze Aegyptens, wohin die letzten Isisanbeter sich zurückgezogen hatten, begannen die Tempel der nationalen Verehrungswesen zu verfallen, der alte Kanon der Proportionen, nach dem die priesterlichen Bildhauer in der Pharaonenzeit gearbeitet hatten, war vergessen, und es gab keine Werkstätte mehr, in der man Sculpturen in dem typischen, als »ägyptisch« bekannten Stil hergestellt hätte, während man schon viele Jahrhunderte lang in griechischer Weise gebaut und gebildhauert hatte und es immer noch that.

Man müsste also erwarten, die koptische Plastik sich weit näher der griechischen als der national-ägyptischen anschliessen zu sehen.

---

[1] Zu den vielen bekannten Schriftstellen und Denkmälern, die dies beweisen, treten auch bildliche Darstellungen im Evangelien-Codex von Rossano (Codex Rossanensis), in dem wir neben dem auf dem Richterstuhle sitzenden Pontius Pilatus zur Rechten und Linken desselben Bilder des Kaisers und der Kaiserin an Stangen hochhalten sehen. Auch an der Tischdecke vor dem »Landpfleger« sind solche angebracht; der Codex Rossanensis wurde aber im sechsten Jahrhundert, also in der Entstehungszeit vieler unserer Denkmäler, hergestellt. O. v. Gebhard und A. Harnak, Evangeliorum codex graecus purpureus Rossanensis. Leipzig 1880. Taf. XIV.

Aber dies ist nur insofern der Fall, als diese nichts mehr von den bindenden Normen weiss, die den Werken der heidnisch-ägyptischen Sculptur ihr eigenartig gebundenes Ansehen verliehen hatten. In jeder anderen Hinsicht und überall, wo es überhaupt gestattet ist, von einer Entlehnung zu reden, greift die koptische indess auf die alte erloschene Kunst ihrer Vorfahren zurück, und das eben ist es, was ihr ein so grosses Interesse verleiht.

Das von einem glühenden Glaubenshass genährte nationale Gefühl war unter diesem zähen Volke wie unter der Herrschaft der andersgläubigen Byzantiner, so auch unter der des Halbmondes so stark, dass es ihm leicht fiel, um seinetwillen der Befriedigung des Schönheitsbedürfnisses und des Beifalls der Kundigen zu entsagen. Es galt Allem voran, etwas Besonderes zu leisten, ihm den Stempel des National-Aegyptischen zu bewahren und den vermeinten Anforderungen des Sonderbekenntnisses gerecht zu werden. Darum sucht der Bildhauer etwas Neues und doch Heimisches zu geben, das dabei auch der asketischen Stimmung seines Christenthums entspricht.

Vor Allem begiebt er sich geflissentlich des Bestrebens durch irgend etwas zu wirken, das den Sinnen schmeichelt.

Der Freude am Schönen zu entsagen, so weit es sich auf die verlockenden Reize der menschlichen Gestalt bezieht, ist das strenge Postulat, das er sich selbst stellt und dem er in keinem einzigen Falle den Gehorsam versagt.

Auch wo es Maria mit dem Christkind darzustellen gilt, wird er ihm gerecht.

Mag ihm selbst die Gestalt der Himmelskönigin in noch so herrlicher Schönheit, die des Kindes in noch so lieblicher Anmuth vorschweben, ist es ihm doch nur gestattet, diese Vorstellungsbilder mit anderen als den Mitteln der griechischen Kunst zur Darstellung zu bringen. Doch diese Mittel sind ihm zur Hand. Er findet sie in dem Nachlasse seiner Vorfahren unter den Symbolen, deren sich diese so fleissig bedient hatten. Die meisten gehörten in die Hieroglyphenschrift, und wenn man sich dieser auch längst nicht mehr zu graphischen und ornamentalen Zwecken bediente, war doch die Bedeutung der wichtigsten Zeichen unvergessen geblieben.

Wir wussten das auch ohne die koptischen Monumente; denn die Uebersetzung der bekannten »Hieroglyphica« des Aegypters

Horapollon (Horus Apollon) durch einen gewissen Philippus[1]) ins Griechische ist sicher in derselben Zeit entstanden wie der ältere Theil unserer Monumente. Dies Werk enthält eine freilich oft recht verkehrte Erklärung der sinnbildlichen Schriftzeichen der alten Aegypter, doch man hätte es nicht so spät ins Griechische übertragen, wenn damals das Interesse an diesen Dingen nicht noch rege gewesen wäre.

Die Kunst der Kopten griff zunächst auf sie zurück, um ihren Werken ein nationales Ansehen zu geben, und so begegnet uns

1. Das Zeichen des Lebens.

denn (s. Abbildung 1) in engstem Zusammenhang mit echt christlichen Motiven bald das ägyptische ☥, das *onch* gelesen wurde, und »das Leben« bedeutet, bald der Geyer, der als Verkörperung der hilfreichen Göttin Necheb-t, der Frau in der schwersten Stunde, dem Manne in der Schlacht Beistand leiht und besonders auch dem König in den Kampf voranfliegt und ihn mit den starken Schwingen behütet. Hier sehen wir das hieroglyphische Ideogramm für den Himmel ▭ und anderwärts den Apisstier, der den Aegyptern die zeugende Kraft versinnbildlichte, die das Verstorbene zu neuem

---

[1] Horapollinis Niloi Hieroglyphica. Wir bedienen uns der Ausgabe von C. Leemans. Amsterdam 1835.

Leben erweckt, und den die koptische Kunst als Symbol der Auferstehung adoptirte. Mit dem Bilde des Sperbers bezeichneten die heidnischen Aegypter den Lichtgott Horus, der seinem Vater Osiris geholfen hatte, den Feind des Lebens und alles Guten Seth Typhon zu überwinden, und wo uns der Sperber auf koptischen Denkmälern begegnet, deutet er auf den Triumph des Lebens über den Tod, die Auferstehung und die Erlösung vom Uebel. Die giftige Schlange, die die schnelle Macht über Leben und Tod, und wo sie sich in den Schwanz beisst, die Ewigkeit symbolisirt, finden wir auf koptischen Monumenten, und die Sonnenscheibe , die mit Flügeln versehen, im alten Aegypten zu Häupten keiner Gedächtnisstafel, über dem Thor keines Heiligthums, auf keinem den Göttern geweihten Bauwerk oder Schrein gefehlt hatte, wurde, wie wir sehen werden — wenn auch der Schwingen beraubt — von den koptischen Künstlern in ähnlicher Auffassungsweise benutzt.

Die schnelle Annahme des Christenthums im Nilthal ist demjenigen leicht erklärlich, der mit der Lehre der heidnischen Aegypter vertraut ist. Diese kannte einen Sohn des ältesten Götterpaares, der zur Erde gekommen war, um sie, Hand in Hand mit seiner Gattin Isis, liebevoll mit guten Gaben zu segnen. Ueberlistet und überwältigt von den Mächten der Finsterniss kam er, Osiris, ums Leben. Seth Typhon hatte ihn verlockt, sich zum Scherz in eine Kiste zu legen, die er dann zuschlug und in den Nil warf[1]). Der Schrein schwimmt den Strom herunter, und die Meereswogen spülen ihn bei Byblus in Phönizien ans Land. Isis sucht die Leiche des geliebten Gatten und findet sie. Aber es gelingt dem Seth Typhon, sich ihrer zu bemächtigen, sie in vierzehn Theile zu zerstückeln und sie umher zu streuen. Doch die treue Gattin setzt sie wieder zusammen und errichtet überall, wo sie eins gefunden, dem Gatten ein Grabmal. Das segensreiche Wirken des zerstückelten und bestatteten Gottes scheint zu Ende zu sein; doch in der Unterwelt herrscht er fort, und nachdem sein Sohn Horus den Seth Typhon und seine Genossen geschlagen, steht er auf von den Todten und erlangt auch den Weltenthron, d. h. die Herrschaft über die Oberwelt wieder.

---

[1]) Eine ausführliche Mittheilung dieser Mythe bei Plutarch, Isis und Osiris, ed. Parthey, Cap. 12 ff. Die meisten Einzelangaben derselben finden sich auf den Denkmälern wieder.

In der Unterwelt — denn diese Mythe versinnbildlicht weit mehr als den Lauf des Jahres in der ägyptischen Natur — ist Osiris der Richter, unter dessen Leitung das Herz des verstorbenen Menschen gewogen und ihm zuertheilt wird, was ihm gebührt. Die Guten sollen zu seiner Rechten, die Bösen zu seiner Linken gestellt werden, und der Tag des Gerichtes wird entsprechend dem bekannten »dies illa« »jener Tag« genannt. Sein und seiner Gemahlin Isis Sohn ist der Lichtgott Horus, der unzählige Mal als Kind an der Brust seiner göttlichen Mutter dargestellt wird und der, zum Jüngling herangewachsen, den Vater an seinen Feinden rächt, indem er sie angreift und schlägt. Wie durch ihn Osiris zu einem neuen Dasein zurückgeführt wurde, so sollte es auch dem Menschen geschehen. Jeder Verstorbene wurde ein Osiris, und die Erlösung vom Tode zu neuem Leben stand ihm durch den Auferstehungsgott und Erlöser vom Tode »Horus« sicher bevor; denn auch dieser Gott symbolisirte nicht nur das neue Werden nach dem Vergehen im kosmischen Leben und im vegetativen Dasein Aegyptens, sondern auch die Erlösung der Welt von der Finsterniss am Morgen jeden Tages und die der Seele des Einzelmenschen vom Tode. Wie dem Christen, so hatte dem heidnischen Aegypter ein Gottessohn das Böse und den Tod besiegen müssen, um die Menschheit von beiden zu erlösen.

Als auferstanden von einem Tode, dem er unschuldig durch seine Feinde verfallen war, oder als Kind an der Mutterbrust dachte sich Christ und Aegypter den Erlöser am liebsten.

Als Vorläufer der christlichen Dreieinigkeit gab es schon Tausende von Jahren vor der Taufe des ersten Aegypters Göttertriaden oder Dreiheiten, die das Wesen der ewigen Dauer des Alls und seiner unsterblichen Leiter versinnbildlichten. Vater, Mutter und Sohn bildeten eine Gruppe, in der der Vater das Kind erzeugte, damit dieses, zum Manne herangewachsen, als Gemahl seiner Mutter das Werk der ewigen Selbsterneuerung in der Natur — das war die Mutter — fortsetze.

Der Gott Dehuti Toth, den die Griechen Hermes und später in philosophischen Kreisen nach ägyptischem Vorgange »Trismegistos«, das ist »der Dreimalgrosse« oder — ein Superlativus excellentiae — »der Allergrösste« nannten, war ursprünglich der Mondgott. Als solcher wurde er zum Herrn des Zeitmessens (mensis) und der Maasse überhaupt, dann zum Gotte des Wissens und der Künste, und endlich zur Verkörperung der göttlichen Vernunft, und unter den alexandrinischen Gelehrten zu einem mythologisch-philosophischen Begriff, der sich mit dem »Logos« der christlichen hellenischen Theologen deckte. Schon in frühester Zeit stellte man ihn in Gestalt eines Ibis dar; und auch diesem Thiere 𓅟 begegnen wir auf koptischen Monumenten, z. B. auf einer der von Gayet veröffentlichten christlichen Mumien[1]). Es ist uns aber auch das Fragment einer Stele bekannt, auf der ein Ibis je zur rechten und linken Seite eines koptischen Kreuzes kauert, das ein Kranz in ähnlicher Weise umgiebt, wie auf dem von Gayet veröffentlichten Denkmal eines gewissen Eulaios (Εὐλατης = Εὔλαιος). Taf. XL., Fig. 55.

Das Christenthum vergeistigte diese heidnischen Vorstellungen, es vertiefte, vereinfachte, veredelte sie und drückte ihnen den Stempel der hohen und liebreichen Gesinnung seines göttlichen Stifters auf. Es entkleidete sie der Bezüge auf ein besonderes Volk, um sie dem gesammten Erdkreis und der Menschheit als vornehmstes der Geschenke zu bieten. Alexandrinische Philosophen, und besonders die Platoniker, von denen Augustin sagte, dass sie, wenn sie sich dazu verstehen wollten, nur wenige Worte und Meinungen zu ändern, zu Christen werden würden (Christiani fierent), hatten sie dazu vorbereitet.

Die Lehren der Aegypter waren den Alexandrinern nicht fremd gewesen. Jene Einheit der Gottheit, auf welche die pantheistischen Texte des neuen Reiches deuten, eine sittliche Verantwortlichkeit nach dem Tode für den Wandel hienieden, die Existenz jener zwischen der Gottheit und Menschheit stehenden Wesen, an denen das Todtenbuch so reich ist und mit denen sich die Platoniker so eifrig beschäftigen wie die Christen mit den Engeln, die geistige Umgestaltung und Läuterung des Menschen durch Mysterien und die Selbsterneuerung durch Reinigung und Weihung, die trotz ihrer äusserlichen Zuthaten der christlichen Wiedergeburt so nahe verwandt war, und Aehnliches mehr darf schon als heidnisches, meistentheils am Nil wurzelndes und ausgebildetes Besitzthum bezeichnet werden. Auch die christliche Verachtung der Güter und Freuden dieser Welt, sowie das Ver-

---

[1]) Bei Gayet Taf. II.

langen nach dem Tode, das Marc Aurel an den Christen lebhaft tadelte, war auch heidnischen Philosophen jener Zeit, den Platonikern wie den Stoikern keineswegs fremd.

Das durch Diodor verbreitete Wort, die Aegypter nennten ihre Wohnungen Herbergen, ihre Gräber aber ewige Häuser, hatte in jenen gelehrten Kreisen grossen Beifall gefunden, und da man in ihnen auch die Moral des Seneca, Epiktet und Marc Aurel, die den ethischen Forderungen sehr nahe steht, die uns ägyptische Inschriften und Papyri leider viel zu spärlich und oft in schwer verständlicher Form kennen lehren, hoch hielt, konnten die ethischen Anschauungen eines gelehrten Heiden jener Zeit den christlichen sehr nahe kommen.

Diesem Umstand verdankt das Wort von der »Erfüllung der Zeit« sicherlich nicht am letzten seine Berechtigung.

Das Christenthum setzte nur, wie Justinus der Märtyrer sich ausdrückt, in vollkommenes Licht, was die heidnischen Religionen in der Dämmerung geschaut oder mangelhaft ausgebildet hatten.

Am Nil war man wohl den Forderungen der neuen Lehre am nächsten gekommen, und die Aegypter, für die der kürzeste Uebergangssteg bereit stand, gingen den Hellenen in ihrer Annahme voran. Beide hatten das gleiche Verlangen nach einer die Sehnsucht des unbefriedigten Gemüths stillenden religiösen Offenbarung empfunden, und wenn bei den Aegyptern sich noch lebhafter als bei den Griechen die Ueberzeugung geltend machte, dass die inneren und äusseren Zustände, worin sie lebten, bis zum äussersten Grade der Unerträglichkeit gelangt seien und ihnen eine bessere, eine Zeit der Erlösung bevorstehen müsse, hatten die Griechen während des Kosmopolitismus der Kaiserzeit sich lebendiger der dem abgeschlossenen ägyptischen Wesen weniger angenehmen Ueberzeugung hingegeben, dass ein Band gefunden, dass ein Feuer entzündet werden müsse, das die getrennten und doch so vielfach in einander verwachsenen Völker der Erde zu verbinden und mit einander zu verschmelzen verspreche.

Freilich erhoben sie dabei den Anspruch, dass aus diesem Guss ein Bild von hellenischem Ansehen hervortreten möge.

Als sich die allgemeine Sehnsucht endlich erfüllte, ordneten die Aegypter sich anfänglich den auf Einigung aller Nationen zielenden Forderungen unter, bald aber machte sich für sie der Unterschied des Blutes, der Denk- und Anschauungsweise zunächst gegenüber den hellenischen Landes- und Glaubensgenossen fühlbar.

Sobald der Kopte in schroffen Gegensatz zu dem anders gefärbten Bekenntniss der griechischen Orthodoxen, deren Herrschaft ihn schwer bedrückte und die er lieber »Feinde« als »christliche Brüder« nannte, getreten war, wollte er vor Allem auch als Christ Aegypter bleiben, und seine Kunst unterzog sich der Aufgabe, dies Verlangen zum Ausdruck zu bringen. Seine alten Götter waren längst beseitigt, obwohl kurz vor ihrem Sturze einige derselben — W. Drexler[1]) lieferte jüngst den Nachweis — in einem noch grösseren Theile des Reiches Anbeter gefunden hatten, als wir bisher wussten.

Die priesterliche Kunst ihrer Verehrer wurde nicht mehr geübt, obwohl sie in der Kaiserzeit, seitdem Hadrian sie in seinem Tibur nachgeahmt hatte, zu Rom in ähnlicher Weise in Mode gekommen war, wie unter uns die der Chinesen und Japaner. Die sichere Technik der Aegypter ist auch mit der der genannten Völker verwandt.

Seit Jahrtausenden hatte man am Nil Erz gegossen, mit Meissel und Drillbohrer das sprödeste Material bewältigt sowie mit seltener Handfertigkeit gezeichnet. Hätte es sich aber auch anders verhalten, wäre es den Kopten doch ein Leichtes gewesen, dies Alles von den Griechen zu erlernen, die überall unter ihnen lebten und schafften.

Vieles musste sie dazu drängen, sich der hellenischen Kunst anzuschliessen, um den erhabenen Stoffen gerecht zu werden, welche die neue Religion ihnen darbot; doch wir wissen bereits, warum die National-Aegypter dies unterliessen.

Aber auch die Griechen begannen bald vor den die Sinne aufregenden Erinnerungen, die die Gestalten ihrer alten Götter in ihnen erweckten, Scheu zu empfinden.

---

[1]) W. Drexler, Der Cultus der ägyptischen Gottheiten in den Donauländern. Leipzig 1890. Der Isis- und Serapis-Cultus in Klein-Asien. Wien 1889. Für die Rheinlande haben besonders Schaaffhausen, Wiedemann und Arnold (Mosel) Spuren ägyptischer Culte nachzuweisen gesucht und sich dabei löblicher Vorsicht befleissigt. Unsere eigenen Erfahrungen gerade auf diesem Gebiet und die Tendenzen, welche hier theils zu Fälschungen, theils zur Unterschiebung und Einschwärzung echten Materials führen, erfüllen uns indess — bisweilen vielleicht ohne Noth — manchen dieser Funde gegenüber mit schwer besiegbarem Misstrauen.

Anfänglich hatten sie im Christenthum die Erfüllung einer langgenährten Sehnsucht und Verklärung der Moral gesehen, die ihnen von den reinsten und weisesten ihrer Philosophen ans Herz gelegt worden war, und der Menschenliebe, die das Christenthum predigt, dem heiteren, hoffnungsreichen, Völker und Menschen verbindenden Frieden, den es verkündet, sammt Allem was es dem Gemüth Freundliches und Erhebendes bietet, die Seele am weitesten geöffnet.

Es schien ihnen auch gestattet, die neuen Stoffe in den Kreis der künstlerischen Behandlung zu ziehen, und die alten Motive der Sculptur und Malerei im Sinne der neuen Religion umzudeuten.

Ihr Dionysos stellt ihnen den Segen dar, der im Weinberge des Herrn erwächst, Orpheus, der durch seinen Gesang auch Thiere bändigt, wurde mit dem guten Hirten identificirt. Er stellte die Lehre des Heilands dar, durch welche sich die wilden Triebe in der Menschenbrust in Liebe, die Gegensätze, welche die Völker (durch Thiere symbolisirt) feindlich geschieden, in Brüderlichkeit verwandeln.

Die des Theseus harrende Ariadne verkörperte ihnen die sich nach Erlösung sehnende, von der göttlichen Liebe ergriffene Seele, die Seele, die sie durch das Bild einer Psyche zur Anschauung brachten[1]).

Christus der gute Hirt, der die Heerde vor Wölfen beschützt und das verirrte Lamm auf dem Rücken zu den Seinen zurückbringt, wurde für sie zu einem besonders beliebten Motiv, aber auch dies dankt einem heidnisch-hellenischen Vorbild, dem widdertragenden (Kriophorus) Hermes den Ursprung.

[1]) Jedenfalls nach einem heidnischen Motiv stellt der Spanier J. P. DE MONTALEVON die Galatea als Psyche (Menschenseele) dar. Polyphem wird dem Teufel gleichgesetzt, und Odysseus tritt für die Gestalt Jesu Christi ein. Wiener Jahrbücher III. S. 29. Welche Rolle die Sibyllen in der christlichen Kunst bis in späte Zeit spielten, ist bekannt genug. Michel Angelo wie Raffael brachten sie gleich schön, doch so verschieden zur Anschauung, wie es ihre menschliche und künstlerische Eigenart bedingte. Auch die Sophia (Weisheit) gehört zu den beliebten Symbolen. Schon die Gnostiker sahen in ihr eine Personification des heiligen Geistes. Die byzantinische Kunst scheute sich nicht, sie zur Darstellung zu bringen, und auf dem Athos (BROCKHAUS, Die Kunst in den Athosklöstern. Taf. 28) sehen wir hinter den Evangelisten Mädchengestalten stehen, die ihnen gleichsam das Niederzuschreibende dictiren. Der Maler nannte sie πρεμουδροστ, das ist die slavische Uebersetzung von Sophia. Auch ihm scheinen sie den die Offenbarung ertheilenden heiligen Geist zu symbolisiren.

Wenn wir die schlanke Jünglingsgestalt des guten Hirten mit dem Lamm auf der Schulter aus dem Grabe der Lucina oder das frühe Muttergottesbild aus dem der Priscilla, zwei Kunstwerke, in denen heidnisches Können christliche Stoffe mit liebenswürdiger Heiterkeit anmuthsvoll zur Darstellung bringt, betrachten, so wirft sich uns die Frage auf, welche Wege die griechische Kunst wohl genommen hätte, wenn es ihr gestattet geblieben wäre, christliche Stoffe frei und ungehindert sich zu eigen zu machen.

Doch es sollten ihr nur zu bald die Hände gebunden und die Wege verlegt werden.

Die Strengen unter den Führern ihrer Gemeinden sprachen den Bannfluch aus über den Schönheitsrausch, der die Bilder der alten Götter ins Leben gerufen und über die Kunst überhaupt, die ihn neu zu erwecken drohte. Wo es dem Bildhauer dennoch gestattet war, den Meissel oder Pinsel zu führen, sah er sich durch Bedenken, Vorbehalte und Mahnungen gehindert.

Nur zu bald war es auch den griechisch-christlichen Kreisen, die, wenn auch ohne sich dieses Zieles bewusst zu sein, die Kunst zu retten begonnen hatten, indem sie alten bewährten Motiven christliche Ideen unterlegten, verboten, damit fortzufahren, und was damit verloren ging, das beweisen die wenigen erhaltenen Reste antiker Kunstübung im Dienste der neuen Lehre aus der ältesten christlichen Zeit.

Wie viele von diesen ansprechenden Werken irrender Glaubenseifer, wie viele die lange Dauer des Bildersturmes oder die Zeit vernichtete, wissen wir nicht, nur das ist gewiss, dass der Sieg der asketischen Richtung im vierten und fünften Jahrhundert nach Christus dem freien Schaffen der Maler und Bildhauer im Dienste der Religion das Todesurtheil sprach.

So erstarrte die gefesselte Kunst in byzantinischer Zeit auch unter den Griechen, und ein Jahrtausend sollte vergehen, bis ihr der Erlöser erschien und bis sie aus dem Starrkrampf befreit ward. Erst die italienische Renaissance gab ihr mit der Neubelebung der Kunst der Alten und der Rückkehr zur Natur die verlorene Bewegung, durch Michel Angelo die Würde und Erhabenheit, durch Raffael die Schönheit und wahre religiöse Verklärung zurück.

Das Beste, was die byzantinische Kunst schuf, verdankt

glücklichen Reminiscenzen an die Antike das Leben. Sonst steht es ausserhalb der Natur auf einem eigenen selbst geschaffenen Boden. Würde und Demuth sind die einzigen höheren Eigenschaften der menschlichen Seele, die es ihr glaubhaft und — besonders in den besten Miniaturen — auch schön zur Darstellung zu bringen gelingt und gestattet werden mochte. Von den leidenschaftlichen Regungen des menschlichen Gemüthes wagt sie nur zwei zur Anschauung zu bringen: die Furcht oder das Entsetzen sowie ekstatische inbrünstige Hingabe.

Wehe dem, der sich in der Zeit der Entstehung des Mönchthums und der anachoretischen Bewegung vermessen hätte, die Mutter Gottes einer Aphrodite oder nur der keuschen Artemis, der weisen streitbaren Athene oder der liebreizenden Hebe nachzubilden! Wegweiser in die Hölle wären diese anmuths- und hoheitsvollen Gebilde für diejenigen gewesen, die nach dem Paradiese trachteten, dessen Thore sich denen am willigsten öffneten, denen es hienieden am besten gelungen war, die Sinne zu tödten. Aber beinah jeder Typus weiblicher Schönheit war bei der Bildung der mythologischen Frauengestalten herangezogen worden, und aus Furcht, an diese gefahrbringenden Gebilde zu erinnern, entstanden die späteren christlichen Sculpturen, Gemälde und Mosaiken, deren Schöpfer nichts mehr scheuen als, wider den eigenen Willen bestrickt von der heidnischen Freude an der Natur, zu erwärmen. Ihre Werke wirken darum auch in der That erkältend wie gefrorenes Leben.

Wohl lassen sich auch in den besseren Werken der Byzantiner Nachklänge der höheren Kunst, von der sie ausgegangen waren, finden, wohl darf angenommen werden, dass im achten Jahrhundert, vor dem Ausbruch des Bildersturmes, in den Werkstätten christlicher Maler und Bildhauer ein nicht viel weniger reges Leben geherrscht habe als etwa unter den Antoninen, — doch Alles, was sich von christlichen Sculpturen und Malereien der Griechen aus jener Zeit erhielt, beweist, dass die unterbrochene Verbindung mit der Natur sich auch unter den günstigen neuen Bedingungen in verhängnissvoller Weise fühlbar machte. Wie ein Nonnenraupenschwarm war die Beschränkung, die die Kunst an einigen ihrer Zweige erfahren hatte, auf den ganzen Baum gefallen. Selbst heidnische Werke der späteren Zeit tragen die Spuren der eingetretenen Verkümmerung.

Der Malerei und Sculptur war verloren gegangen, was sie einst gross gemacht hatte: Wahrheit und Freiheit, und damit auch Aufschwung und Grösse.

Vergleicht man die sorgfältig ausgeführten Bildnisse der Placidia mit ihrem Sohne Valentinian III. und ihrem zweiten Gemahle, dem Heerführer Constantins zu Monza etwa mit dem des Septimius Severus und seiner Gattin Julia Domna oder mit noch späteren, aber immer noch im Geist des Heidenthums geschaffenen Werken, wie die Capitolinische Büste des Constantin Chlorus, so werden wir von tiefem Bedauern ergriffen; denn es will bei dieser Betrachtung scheinen, als habe die Religion, welche bestimmt war, die Menschenseele auf edlere, höhere Bahnen zu leiten, dem Genius der Kunst die Flügel gebrochen.

Aber nicht ihr fällt dies Verbrechen zur Last, sondern denen, welche in fanatischem Uebereifer die eigene irrende Meinung zum Gesetz zu erheben verstanden. Und überall und zu jeder Zeit sind ähnliche verderbliche Wirkungen nachweisbar, wo eine Sonderüberzeugung die Religion tyrannisch beherrscht. Dem Glauben der Christen wohnte, wie es sich zeigen sollte, die Macht inne, die Kunst auf den höchsten Gipfel zu heben, wo aber eine Lehrmeinung sie zwang, sich in ihren beschränkten Grenzen zu halten, ist sie gescheitert. Die grossen Meister der Renaissance haben als Christen und Menschen empfunden und mit der verpönten und preisgegebenen Natur ein neues und festes Bündniss geschlossen. Ihr freier Geist hat in sein Bereich gezogen, was ihm würdig der Darstellung dünkte, und Raffaels Disputa, die auch die heidnischen Dichter zeigt, die sich auf dem Parnass um die Musen und deren Führer Apollon schaaren, seine Schule von Athen, bei deren Schöpfung ihm der Geist der Antike den Pinsel führte, seine Rechtswissenschaft, bei der wir ihn unbedenklich heidnische neben den christlichen Sinnbildern heranziehen sehen — denn auch der Spiegel, der später die Mutter Gottes und ihre unbefleckte Empfängniss symbolisirte, ist ein heidnisches Sinnbild der Wahrheit —, seine Grazien und herrlichen Sibyllen stehen nicht hinter seinen Madonnenbildern zurück, die in jedem fühlenden Menschen, welcher Confession oder Religion er auch angehören möge, die Empfindung weihevoller und andächtiger Erhebung wachrufen müssen.

Wer hat den trunkenen Bacchus des gewaltigen Michel Angelo, wer den Stich Marc Antons nach seinem verloren gegangenen badenden Soldaten, wer seine Statue des Lorenzo von Medici, seine Morgen und Abend-, Tag und Nachtgestalten gesehen, ohne zu empfinden, wie tief dieser Meister, dessen Genius mit Riesenkraft auch den erhabensten biblischen Stoffen gerecht zu werden vermochte, vom Geiste des heidnischen Alterthums durchtränkt war, wie willig dieser Meister der Meister die Natur als oberste aller Meisterinnen anerkannt hatte?

Führt man sich diese Grossen und was sie und ihre Zeitgenossen schufen vor Augen, so ist es schwer zu verstehen, wie schnell ihre Vorgänger im vierten und fünften Jahrhundert mit der Antike, die ihnen doch noch von allen Seiten her einladend entgegenschaute, brechen konnten.

Doch das Gebot, dauernd ihrem Zauber abzusagen, erhob sich lauter und lauter, und auch die Aegypter fügten sich ihm willig; ja sie überboten die hellenischen Feinde an Strenge. Aber zu sehr an das mit dem Cultus verflochtene Bild gewöhnt, um seiner völlig entrathen zu können, retteten sie es, indem sie ihm Formen gaben, die auch ihren asketischen Leitern zulässig erscheinen konnten.

Je weiter sich diese Formen von denen der griechischen Kunst entfernten, je deutlicher sie den Stempel der ägyptischen Eigenart trugen, um so besser!

Ihre Götterbilder — auch die der weiblichen Verehrungswesen — hatten nie bezweckt, auf die Sinne zu wirken, wenn auch ihre heidnischen priesterlichen Vorgänger bestrebt gewesen waren, die Göttinnen, die in ihrer Vorstellung als anmuthige Segenspenderinnen lebten, mit ebenmässigen Gesichtszügen, oft auch mit einem Lächeln am Munde, und immer mit jener schönen Rundung des Busens zu bilden, die den Jungfrauen ihres Volkes besonders eigen war und ist, und die ihre Dichter, wo es den Zauber weiblicher Schönheit hervorzuheben galt, neben der Fülle des Haares, häufiger und höher priesen als die Wohlgestalt des Angesichts.

Wird die Göttin Hathor auch die »Schöngesichtige« genannt, so feiert man doch die Schönheit ihres Busens besonders. Bei der grossen Prozession dieser Göttin von Dendera zu Edfu, bestehen zwei Festacte daraus, dass ihr schöner Busen entblösst (»'op« geöffnet) und der Menge gezeigt wird.

Hathor ist stets die Schöne und Gute (ἀγαθή), und als wir zu Catanea in Sicilien die Brüste der heiligen Agathe in Prozession umherführen und die wächsernen Frauenbrüste sahen, die ihr geopfert worden waren, mussten wir des Busens der Hathor, der dea bona der Aegypter, gedenken und zugleich der mehrfach ausgesprochenen Vermuthung, dass die heilige Agathe[1]) die christliche Nachfolgerin jener Naturgottheit sei, deren Brüste schon in der Heidenzeit und zuerst wohl von den Aegyptern als die Segensquellen verehrt wurden, aus denen die ganze Kreatur Leben und Nahrung empfängt.

Es geht leider an dieser Stelle nicht an, eingehend zu zeigen, wie entschieden die Hathor die dea bona, die Nährerin und Amme der Aegypter war, und von ihr aus auf die vielbrüstige Diana von Ephesus etc. überzugehen.

Frauenbrüste waren leicht zu verunstalten oder zu bedecken, und die Aegypter konnten darum mit geringerer Scheu als die Griechen auf die alten Bildwerke zurückgreifen, als es galt, für die heiligen Gestalten des christlichen Glaubens neue Typen zu finden.

Die Person des »Vaters« oder »Sohnes« darzustellen, war verpönt. Wir kennen kein Werk der koptischen Kunst, das Gott den Herrn in menschlicher Form zur Darstellung zu bringen versuchte. Auch Jesus Christus war ihnen, die ihm nur eine, die göttliche Natur zuschrieben, ein Gott, und darin unterschied sich die christliche von der heidnischen Religion, der die Kopten den Rücken gekehrt hatten, vorzüglich, dass die Gottheit die Theilbarkeit verloren hatte und nicht mehr einzelne Erscheinungen, Kräfte und Regungen in der Natur und Menschenseele verkörperte, sondern als einiger, das All wie das Menschenleben regierender und durchdringender Geist nicht nur von den Esoterikern erkannt wurde, sondern dem ganzen Volke verkündet worden war.

Diesem einigen geistigen Gotte gegenüber hatten die Einzelgötter schnell in die Unbedeutendheit zurücksinken müssen, und dem Volke war ohnehin die Erinnerung an die ursprüngliche Bedeutung der

---

[1]) Der Tod dieser Märtyrerin wird in das Jahr 251 gesetzt. Sie soll die Liebe des Statthalters Quintianus verschmäht haben. Es war wohl ihr Name, der ihr in so früher Zeit die Verschmelzung mit der dea bona eintrug.

alten Verehrungswesen und der Kräfte, die sie zu verkörpern bestimmt gewesen waren, längst vor der Verkündigung des Christenthums verloren gegangen. Es war gewohnt gewesen, zu Namen zu beten, und nur die Symbole der einzelnen hatten einen verständlichen Sinn für die Menge behalten.

Wohl hielten auch die Aegypter den Menschen für ein Ebenbild des neuen unsichtbaren Gottes und stellten sich ihn in Menschengestalt vor, doch seine unbegrenzte, unendliche Erhabenheit und die Vollkommenheit seiner Gestalt mit den gebrechlichen Mitteln des menschlichen Kunstvermögens wiederzugeben, wäre vermessen gewesen und hätte nur beleidigende Zerrbilder hervorzurufen gedroht.

Aber wenn die Kopten sich auch die Befähigung zugetraut hätten, würdige Bilder Gottes und Christi herzustellen, würde es ihnen dennoch untersagt gewesen sein; denn noch drohte die Gefahr des Rückfalls in den Götzendienst und die Verehrung lebloser Bilder.

2.   2a   2b   2c

So bedienten sie sich, um auf ihren Denkmälern an das unendliche Wesen Gottes und an andere hohe und schwer darstellbare religiöse Ideen zu erinnern, jener Symbole, deren Sinn zu erfassen und die auf das Urbild zurückzubeziehen ihr Geist gewohnt war.

Sehr häufig benutzten sie dazu das schon erwähnte alte ☥ oder Bild 1 (s. S. 8), das Zeichen des Lebens, welches zum Ausdruck brachte, dass alles Leben nur in Gott sei, oder das erste und letzte Zeichen des griechischen Alphabetes, das längst das ihre geworden, das α und ω. Als christlich bezeichneten sie ihre Denkmäler durch dies Symbol und das Kreuz, dem sie eine besondere Form gaben (2a, 2b, 2d, s. Abbildung 2)¹), oder den ersten und zweiten Buchstaben des Namens Christus XP = ⳩ oder ☧

---

¹) Das Kreuz 2a (s. Abbildung 2), das so häufig auf den koptischen Denkmälern wiederkehrt, findet sich auf vielen spanischen Manuscripten aus dem 10. und 11. Jahrhundert wieder. Eine Legende (Serapeum VII, 95) erklärt seinen Ursprung,

das sogenannte Labarum. Wie sie das heidnische ☥ mit dem christlichen combinirten, zeigt in ansprechender Weise unser Bild 3.

Die heilige Dreieinigkeit wird symbolisirt durch ein gleichseitiges Dreieck, und zwar noch lange nachdem Augustinus diese Figur als ein unchristlichen Kreisen entstammendes Sinnbild zurückgewiesen hatte. Das Dreieck △, das den Sothis oder Isisstern bezeichnet (*spd*) ist ungleichseitig und hat nichts mit dem unseren zu schaffen. Dagegen muss schon in der Pharaonenzeit das gleichseitige Dreieck eine gewisse Bedeutung besessen haben; denn es ward z. B. als Beweis der Heiligkeit des Ibis angesehen (Plutarch, Isis und Osiris. Cap. 75), dass die ausgespreizte Stellung seiner Füsse gegeneinander und gegen den Schnabel ein gleichseitiges Dreieck bildete.

3. Das gehenkelte Kreuz.

Auch das Kleeblatt tritt früh für sie ein. Sicher nachweisbar ist es nicht auf unseren Monumenten, doch was die Taube Taf. LXII, Fig. 73 im Schnabel hält, scheint eher ein Kleeblatt als ein Oelzweig sein zu sollen und in dem Kreuz Taf. LXXV, Fig. 83 sind in den drei oberen Flügeln ziemlich deutlich dreiblätterige Kleeblätter zu sehen.

An die Stelle, die auf heidnisch-ägyptischen Denkmälern die geflügelte Sonnenscheibe  angenommen hatte, setzten die Kopten die blosse Scheibe ohne die Schwingen und fassten sie als den Kreis auf, der keinen Anfang hat und kein

---

indem sie erzählt, König Alfonso habe die von ihm erbaute Kirche zu Oviedo mit einem kostbaren Kreuz schmücken wollen. Zwei fremde Goldarbeiter hätten sich zu seiner Ausführung gemeldet; doch in ihrer Werkstatt sei es ganz still gewesen und ein lichter Schein aus ihr hervorgedrungen. Ihr Werk sei herrlich gelungen, doch sie selbst nach seiner Vollendung verschwunden. Es waren Engel gewesen. Dass ihr Kreuz die Gestalt des koptischen trug, mag zufällig sein; doch theilen wir hier gern diese Wahrnehmung mit. Auch seine andere Gestalt 2 *b* (s. Abbildung 2) ist auf unsere Orden übergegangen.

Ende, und darum wohl geeignet schien, die Einigkeit und Ewigkeit Gottes zu versinnbildlichen. An die Sonne durften sie bei ihrem Anblick nicht denken, wohl aber an das Licht, das Christus in die Welt gebracht hatte.

Auch der Straussenfeder, und zwar gewöhnlich der Doppelfeder ⫴ begegnen wir auf einigen Monumenten. Diese symbolisirt einzeln ∫ die Wahrheit und Gerechtigkeit und doppelt auf dem Kopfschmucke der Götter wohl zunächst die göttliche Würde und Hoheit. Die Exegeten des Todtenbuches haben sie, die auf das Haupt vieler Götter und am regelmässigsten auf das des Min (Chem) gehört, den verschiedensten Deutungen unterzogen. Die Kopten setzten sie statt auf den Kopfschmuck der entthronten Götter auf die Spitze von Säulen oder Pfeilern (Taf. XVII, Fig. 27, Taf. XX, Fig. 28), die ihrerseits wieder an das ⫴ dd der Hieroglyphen — zunächst das Rückgrat des Osiris und dann eine Art von Gestell, das seiner Form nachgebildet wurde — das Zeichen der Beständigkeit und ewigen Dauer erinnern. Von den Christen war es wohl — sehen wir recht — als Symbol der unendlichen Dauer der Kirche acceptirt worden. Es stimmt dazu seine Stellung als Stütze der Bauwerke, an denen es vorkommt. Die Verschmelzung des ⫴ mit ⫴ scheint uns kaum bestreitbar, obgleich die Horizontallinien, die dem Pfeiler das Ansehen des dd geben, vielleicht nur die Gliederung der Feder anzudeuten haben. Aber wenn sie auch weiter nichts bezwecken, sollten sie doch vielleicht an das dd (so ist unser Zeichen zu lesen) erinnern. Trotzdem gebietet die Vorsicht, ein Fragezeichen hinter dasselbe zu stellen; denn es darf diesem Zeichen gegenüber nicht unbemerkt bleiben, dass uns vielleicht nur eine zufällige Aehnlichkeit veranlasste, es für das ⫴ zu halten. In etwas veränderter Form und mit Blättern geschmückt begegnet es uns vielleicht an Stelle des Kreises (der heidnischen Sonnenscheibe) Taf. LXIV, Fig. 79. Das alte ⊔, das an der hieroglyphischen Figur ⫴ das Hohe und auch die Erhebung des Gemüthes sammt den mit ihr zusammenhängenden Handlungen wie Freude, Dank, Gebet symbolisirt, finden wir sicher an mehreren menschlichen Gestalten wie Taf. XXV, Fig. 30 und Taf. XXIX, Fig. 34 wieder. Es versinnbildlicht an ihnen das Gleiche.

Der Palmenzweig war ein hieroglyphisches Ideogramm für Zeitabschnitte und die Zeit, und er kommt auch früh in der Hand von

Priestern und Laien bei festlichen Empfängen des Pharao nach erfochtenem Siege oder bei feierlichen Handlungen vor. Hier ist er als Symbol des Friedens und Zeichen der Begrüssung und des Sieges zu betrachten. Die gleiche Bedeutung gab man ihm in Palästina, wie der Einzug Christi in Jerusalem beweist. Wegen des Namens φοῖνιξ, der beiden zukam, verschmolz unter den Griechen der Sinnwerth der Palme und des Phönixvogels, von dem wir zu reden haben werden. Uebrigens erneut sich die absterbende Palme aus der Wurzel wie der Phönix verjüngt aus seiner Asche hervorgehen sollte. Auf Katakombenbildern und alten Mosaiken sieht man diesen Vogel in der Krone einer Palme sitzen[1]). Hieher würde auch das Eichenblatt etc. gehören, doch soll seiner erst weiter unten gedacht werden.

Auch der älteren Mythologie der Hellenen waren — wir kommen darauf zurück — Symbole nicht fremd gewesen, und ihre Verwendung nahm in späterer Zeit ansehnlich zu und ging, wie schon bemerkt ward, zum Theil in den Gebrauch der griechisch-christlichen Kunst über.

Die Pythagoräer und Neupythagoräer sowie die Neuplatoniker, von denen schon manche das Christenthum kannten, und besonders die Gnostiker bedienten sich mit Vorliebe der Sinnbilder. Den Ophiten unter ihnen war die Schlange je nach ihrer Auffassung ein Gegenstand der Furcht oder Verehrung, am häufigsten aber symbolisirte sie ihnen ihren Agathodämon. Wie gar verschiedene Symbole finden wir ausserdem auf den sogenannten Abraxassteinen und Gemmen, sowie in den griechischen gnostischen und magischen Schriften aus etwas späterer Zeit, die sich eng an ägyptische Vorbilder schliessen.

Es darf angenommen werden, dass die gebildeten Kopten mit ihnen[2]) vertraut waren, doch hüteten sie sich, sie für ihre Kunst zu

---

[1]) BELLERMANN, Katakomben von Neapel. S. 59. BUNSEN, Beschreibung von Rom. Bd. I. S. 399 und a. a. O. Was die Palme den Orientalen bedeutete, versuchten wir zu schildern in unserem Cicerone Bd. I, S. 51 ff.

[2]) Basilides mit seinem Abraxas, der geistreichste und phantasievollste von allen Gnostikern, Valentinus und Harpokrates haben sämmtlich in Alexandria gelebt. Die neuplatonische Lehre rief der Aegypter Ammonius Sakkas ins Leben, und die bedeutendsten seiner Schüler, Plotin an ihrer Spitze, lehrten in Alexandria.

verwerthen. Sahen sie auch auf den älteren und schöneren hellenischen Bildwerken neben der Artemis und dem Asklepios einen einköpfigen, zu Füssen des alexandrinischen Serapis, wie ihn die Meisterhand des Bryaxis gebildet hatte, einen dreiköpfigen Hund, wussten sie vielleicht auch, dass die Eule der Vogel der Pallas Athene sei und dass Phidias sie mit dem Drachen, die Aphrodite aber mit einer Schildkröte gebildet, weil die Jungfrauen, zu denen die keusche Minerva gehörte, der Aufsicht bedürfen, den Frauen aber häusliche Zurückgezogenheit und Schweigsamkeit zukommt, so fanden die Kopten doch keine Verwerthung für diese Symbole, obgleich die hellenische Kunst ihnen vollendet schöne Typen für die Nachbildung der genannten Thiere zur Verfügung stellte.

Die Zeichen der Gnostiker, auf die wir in der Anmerkung wiesen, begegnen uns auf keinem rein religiösen oder kirchlichen Kunstwerk. Nur die Magie hielt lange an ihnen und den heidnischen Göttern fest. In den Zauberpapyri — Nachbildungen heidnischägyptischer Schriften der nämlichen Gattung —, in denen sich schon die Anrufung: »O guter (heiliger) Georg!« (ἀγαθὲ Γεωργὲ) findet, die diesen Heiligen einen »guten Geist« nennen und ihm ausser anderen Dingen einen Sperber zu opfern gebieten, und die frühestens dem

---

In allen Museen finden sich sogenannte Abraxassteine, Amulette, auf denen gnostische Symbole — bisweilen recht wunderliche Gestalten freier Phantasie — zu sehen sind. Oft tragen sie den Namen »Abraxas«, nach Basilides das Urwesen, das sich in 365 Geisterreichen offenbart. Die Griechen bedienten sich der Buchstaben an Stelle unserer Zahlen; diejenigen aber, welche den Namen »Abraxas« bilden, machen addirt 365 aus ($a = 1$, $b = 2$, $r = 100$, $a = 1$, $x = 60$, $a = 1$, $s = 200$, das macht $1 + 2 + 100 + 1 + 60 + 1 + 200 = 365$). So wurde der Name Abraxas für die Gnostiker zu einem bevorzugten mystischen Namen Gottes. Die Steine, in die man ihn, oder nur ein A einschnitt, waren Amulette, und sie zeigen bald ägyptische Götter, Osiris und Harpokrates (Horus das Kind), bald eine menschliche Gestalt mit Hahnenkopf und Schlangenfüssen, bald in ganz anderer als der ägyptischen Vortragsweise dargestellte Schlangen und andere Thierbilder, Darstellungen von Gestirnen und Aehnliches, das aber weder mit den üblichen heidnischen noch christlichen Symbolen übereinstimmt. Die Vocale, die mathematischen Zeichen und die erfundenen Figuren in den Zauberpapyri etc., die sich jeder Deutung entziehen, seien nur andeutungsweise erwähnt. Bis ins Mittelalter hinein, wo es sich auch an den Festgewändern der katholischen Priester findet, wurde das sogenannte gnostische Kreuz (Baphometfigur) gebraucht, dessen Arme rechtwinkelig geknickt sind.

vierten, wahrscheinlich aber erst dem sechsten oder gar dem Anfang des siebenten Jahrhunderts entstammen, wird Abraxas in der Form Abrasax angefleht, und in dem nämlichen Satze Apollon zu kommen beschworen und aufgefordert, die delphische Pytho zu verlassen. Daneben ergeht ein Ruf an den grossen Zeus, an Jao (Jawe — Jehova) und die Engel Michael und Gabriel. Dieser soll nicht vom Himmel kommen, sondern vom Olymp. Abraxas wird aufgefordert, den Adonai zu beschauen, daneben aber auch in grausam verunstalteten koptischen Sätzen des Osiris, des Sonnengottes Ra (Phre), des Anubis und Seth-Typhon gedacht.

Dieser mehr als bunte Synkretismus beweist, wie lebendig noch während der Uebungszeit der koptischen Kunst die heidnischen Götter unter dem Volke und besonders in seinem Aberglauben fortexistirten. Es fehlte der Kirche also keineswegs an Grund, die Schranken gut zu bewachen, welche die einheimische von der heidnisch-griechischen Kunst schieden.

Wohl ist es möglich, dass die Apokalypse gerade im ägyptischen Alexandria griechische der Gnosis nahestehende Christen veranlasst hatte, dem Matthäus einen Engel, dem Marcus einen Löwen, dem Lucas einen Stier und dem Johannes den Adler zur Seite zu stellen: die Kopten, denen die Offenbarung Johannis wohl bekannt war, bedienten sich indess des Löwen, Stieres oder Adlers, sowie anderer griechisch-christlicher Symbole entweder garnicht oder in einer anderen Auffassungsweise, die theils schon unter ihren heidnischen Vorfahren gültig gewesen, theils in ihrem eigenen Kreise entstanden war.

Das Thierbild ist etwas national Aegyptisches, und darum ward es auch von den koptischen Künstlern mit Vorliebe benutzt.

Tauben kommen mehrfach auf den koptischen Denkmälern vor. Auch die heidnischen Aegypter stellten sie häufig dar; doch gehörten sie in der Hieroglyphenschrift nicht zu den Ideogrammen. Als Brieftauben wurden sie früh benutzt, und die Pharaonen sandten sie aus, um allen Himmelsrichtungen von ihrer Thronbesteigung Kunde zu geben. So galten sie auch am Nil früh für Heilsboten, was sicherlich der Aufnahme unter die christlichen Symbole zu Gute kam. Nach Horapollon hielt man sie für rein, weil wenn die Pest wüthe, sie nicht mit ergriffen würden. Er gedenkt ihrer auch als Speise der

Könige und sagt, sie hätten keine Galle[1]). Er unterscheidet weisse und schwarze Tauben, doch in anderem Sinne wie die christliche Symbolik. Bei einem Hymnus des Sedulius ist die weisse Taube der Seelentrieb nach dem Himmel, der ihr oft antithetisch zur Seite gestellte schwarze Rabe der Seelentrieb nach der Hölle. Die von den Juden geopferten Tauben führten dahin, diesen Vogel als Sinnbild für den Märtyrertod zu benutzen.

Der Physiologus, dessen wir zu gedenken haben, bringt die Taube zuerst mit dem Herabsteigen des heiligen Geistes in Gestalt dieses Vogels Marc. 1, 10 ff. in Verbindung. Dann beschäftigt er sich mit den rothen Tauben und verbindet mit ihnen allerlei Bibelstellen in erkünstelter Weise. Zuletzt nennt er sie das Sinnbild der Jungfrauen; denn der Habicht wage es nicht, die Tauben anzugreifen, wenn sie schaarenweis flögen, wohl aber wenn sie einzeln dahinzögen. Auch wenn die Jungfrauen in der christlichen Kirche vereint seien, ergehe es ihnen ähnlich; denn der Feind fürchte sich dann vor den Tönen ihres Gesanges und ihrer Rede, und nicht nähere er sich ihnen. Alle Christen, schliesst er, sollten in gleicher Weise die Gemeinschaft nie aufgeben. Auf den koptischen Monumenten symbolisirt die Taube nur wie in alter Zeit die gute Botschaft, dann aber auch den heiligen Geist. Mit dem Oelzweige im Schnabel erinnert sie an das Geschenk des himmlischen Friedens und an die Verheissung ewiger Seligkeit nach Kampf, Leid und Tod. »Die Taube«, heisst es in Migne's Patrologie, »ist von Alters her gewöhnt, die Befreiung von der Sündfluth zu verkünden«, und so versinnbildlicht sie auch den Kopten die Erlösung von der Sünde durch Christus.

---

[1]) Horapollon, Hieroglyphica. ed. Leemans. Amsterdam 1835. II, 48 heisst es, dass man, um einen Mann zu bezeichnen, der von Natur (αὐτοφυῶς) keine Galle habe, sie aber von einem anderen annehme, eine Taube zeichne, die das Hintertheil, worin sie die Galle habe, aufgerichtet halte. Ob der Verfasser damit vielleicht den sogenannten schlechten Vogel ⟿ meint, der gewöhnlich für einen Sperling angesehen wird? Das oft recht augenfällig aufgerichtete Hintertheil möchte dafür sprechen. Er determinirt alles Schlechte, Geringe, Kleine und auch die üblen Eigenschaften der Seele. Horapollon gibt als Zeichen für das Schlechte, Verbotene (ἄθεμις) und den Hass sonst nur den Fisch. Die Hieroglyphe, die wir meinen, zeigt auf den Denkmälern oft ein sehr viel auffälliger erhobenes Hintertheil als auf unserer Type. In der linearen Schrift gleicht der Schwanz bisweilen einer Blase oder dergleichen.

Der Löwe tritt uns auf ihren Denkmälern als Symbol der nur in einer Natur Fleisch gewordenen Person Jesu Christi entgegen. Das beweist der schon erwähnte »Physiologus«, eine merkwürdige Schrift, von der es feststeht, dass sie unter ägyptischem Einfluss in Alexandria niedergeschrieben wurde, um von dort aus in verschiedenen Uebersetzungen, auch einer äthiopischen, die wohl der koptischen am nächsten steht, den Weg durch die gesammte christliche Welt, zunächst die des Morgenlandes, zu finden. Sie enthält eine allegorisch-theologische Zoologie mit einigen botanischen und mineralogischen Zugaben, die in naturwissenschaftlicher Hinsicht so abenteuerlich wie werthlos, in kultur- und kunstgeschichtlicher hohes Interesse bietet.

Manches Bildwerk der früheren christlichen Kunst ist nur an der Hand des Physiologus zu verstehen.

Der erste Abschnitt gilt dem Löwen. Zunächst citirt der Verfasser das Bibelwort: »Juda ist ein junger Löwe etc.« 1. Mos. 49, 9. Dann hebt er die Weisheit des Königs der Thiere hervor, die ihn veranlasse, wenn er den Jäger wittere, seine Spur mit dem Schweife zu verwischen. So, fährt er fort, habe auch unser Heiland, der neue Löwe, der Sieger, der vom Stamme Juda sei, die Witterung seiner Spuren, nämlich seiner Gottheit, verhüllt.

»Auch wenn er schläft«, heisst es im zweiten Abschnitte, »sind die Augen des Löwen geöffnet«. Dazu werden die Sprüche citirt: »Ich schlafe, mein Herz aber wacht« und »Nicht schlummert noch schläft der, welcher Israel bewacht«, und der Verfasser knüpft daran die Betrachtung, unser Herr schlafe mit dem Leibe auf dem Kreuze, mit seiner göttlichen Natur aber wache er zur Rechten seines Vaters. Den dritten Abschnitt eröffnet die naturhistorische Sage, dass die Löwin nur ein todtes Junges zur Welt bringe und es drei Tage lang bewache. Dann komme der Vater und belebe es, indem er ihm ins Angesicht blase. »So«, fährt der äthiopische Physiologus[1]) wörtlich fort: »So hat auch der allmächtige Vater wiedererweckt seinen erstgeborenen Sohn, der von Anfang der Welt war und unser Herr ist, Christus, der auferweckt wurde durch die Macht seiner Gottheit und auferweckt hat Alle.«

Auch bei den alten Aegyptern gehörte der Löwe von frühester

---

[1]) Herausgegeben von F. Hommel. Leipzig 1877. S. 45 ff.

Zeit an zu den Symbolen. Schu und Tefnut, die bereits in den Pyramidentexten vorkommen, wurden dort schon die beiden Löwen genannt. Das bedeutet, wie wir sehen werden, die Starken oder Siegreichen; denn Schu ist der Luftraum mit dem Winde und Sturm, und Tefnut wird von V. Strauss v. Torney[1]) treffend definirt als »die oberen Himmelsgewässer, die den Thau senden und zugleich in den Wolken und Gewittern wesend«. Das ein Ungewitter bezeichnende Wort ☐ 𓂝 𓈗 *šn'a* wird ausser mit dem Regen spendenden Himmel auch mit dem Löwen determinirt. Die Nachricht des Plutarch, dass die Thore der Heiligthümer mit Löwenrachen geschmückt worden seien[2]), ist richtig. Zwar blieb keine der vielen Tempelthüren erhalten, die, wie die Inschriften berichten, aus edlen Holzarten verfertigt und oft auch mit Metall beschlagen waren, doch finden sich heute noch liegende Löwen, oder besser ihr Kopf und Vordertheil, als Regengossen an Tempeldächern (Dendera), und wiederum sind es Inschriften, durch die wir erfahren, dass der Löwe — auch dies erwähnt Plutarch — mit dem Eintritt der Ueberschwemmung, die mit dem der Sonne in das Zeichen des Löwen zusammenfiel, von den Priestern in Verbindung gebracht wurde. Das Thierkreiszeichen des Löwen sollte die Ueberschwemmung herbeiführen, und in der That begann während der späteren Epochen der ägyptischen Geschichte das Steigen des Stromes, sobald die Sonne in dies Zeichen des Zodiacus trat; die Nilschwelle war aber das wichtigste und zugleich segensreichste Ereigniss für den Aegypter; denn sie erlöste ihn von Dürre und Noth. Nicht nur in Leontopolis, seinem Gau, sondern auch in der Sonnenstadt Heliopolis ward der Löwe verehrt, und zwei Löwenköpfe bezeichneten mit der Lesung *phti* die siegreiche Manneskraft. Der »Wasserlöwe« — wenn dieser Ausdruck erlaubt ist, — der Löwe, der am Tempeldach als Gosse

---

1) V. Strauss von Torney, Der altägyptische Götterglauben. Heidelberg 1889. S. 54.

2) An wie vielen Thoren und Regengossen christlicher Kirchen finden wir diese Löwenköpfe! Vielleicht sind sie nur Nachahmungen des uralten ägyptischen Tempelornamentes. Wohnte ihnen an den Pforten eine symbolische Bedeutung inne, so doch gewiss nicht die ihnen von Heider zugeschriebene, dass der Teufel selbst dazu dienen müsse, die Kirchenthüren zu öffnen. W. Menzel hat wohl Recht, wenn er ihnen gegenüber an die Abwehr feindlicher Gewalten von der Kirche denkt. Christl. Symbolik. I, S. 41.

benutzt wird, der »Bringer der Ueberschwemmung«[1]) heisst auf den Inschriften ⌂ ⤫ qn (oder *qnnu*) d. i. der Gewaltige, der Starke, Sieghafte; der Physiologus aber nennt den Heiland gar, wie wir

4. Der Löwe.

sahen, »den neuen Löwen, den Sieger«. Dass man das edelste und schönste der Thiere, mit dem in der Vorstellung der Aegypter

[1]) Der Gott Osiris, der alles Erstorbene zu neuem Leben führt, gibt Aegypten durch die Ueberschwemmung des Nils die Fruchtbarkeit zurück. In der uns beschäftigenden Zeit wird nun ein heiliger Orion an seine Stelle gesetzt, und in einem

Erlösung, Kraft und Sieg im nächsten Zusammenhang stand, wählte, um den Geist auf denjenigen hin zu lenken, der so wenig seines Gleichen hatte unter den Menschen wie der Leu unter den andern Thieren, ist leicht zu verstehen. Es finden sich darum auch manche Löwenbilder unter den koptischen Monumenten, und besonders interessant ist das von Säulen getragene Thor (unser Bild 4. S. 29)[1], das der Gestalt eines Löwen gleichsam zum Rahmen dient[2].

Wir bemerkten schon, dass die Wirksamkeit, welche die ägyptischen Heiden dem Stier und besonders dem Apis zuschrieben, leicht dahin führen musste, ihn zum Symbol der Auferstehung zu erwählen, und so finden wir denn auch sein Bild auf den Hüllen christlicher mit dem Antlitz der Verstorbenen geschmückter Mumien. Bei Gayet Taf. A und B.

An einer höchst bemerkenswerthen Darstellung des heiligen Georg (unser Bild 5. S. 31), begegnen wir gleichfalls dem heiligen Stiere, den die Sonnenscheibe über seinem Rücken als solchen bezeichnet. Er ist hinter dem reitenden St. Georg angebracht, unter dessen Ross sich der Drache krümmt, den der Held mit der Lanze in seiner Rechten durchbohrte. Der Künstler fasste ihn als den den Tod und die Sünde besiegenden Glauben auf und stellte darum über den Heiligenschein, der das Haupt des Drachentödters umgiebt, das Dreieck, das die Dreieinigkeit darstellt. Der Kopf des niedergeworfenen Ungethüms mit den krummen Hörnern erinnert schon an die späteren Bilder des Teufels.

Berliner Zauberpapyrus wird er im engsten Anschluss an heidnische Hieroglyphentexte angerufen: ἡκέ μοι ὁ ἅγιος Ὡρίων .... ὁ ἐπιχολινδούμενος (τὰ τοῦ Νείλου) ῥεύματα καὶ ἐπιμιγνύων τῇ θαλάττῃ. »Komm zu mir, heiliger Orion .... der du heranwälzest die Fluthen des Niles und sie dem Meere vermischest.« In der ägyptischen Anrufung ward nur an Stelle des Namens Osiris der des »heiligen Orion« gesetzt.

1) Was das beschädigte Ornament unter dem Vordertheile des Löwen darstellt, ist schwer zu sagen. In dem oben links getheilten Bogen meinen wir die aufgerichtete Uräusschlange ⟅ zu erkennen, die giftigste von allen Vipern. Vielleicht soll die Pranke des Löwen sie zermalmen wie Christus die Sünde.

2) In einem Hymnus von Fulbert von Chartres heisst es: »Christus invictus leo, — dum voce viva personal — a morte functos excitat.« Königsfeld, Lateinische Hymnen, S. 106. Wir brauchen kaum an die Löwen vor alten christlichen Kirchen, die Löwen als Ornamente an der Aussenseite und auch im Inneren der Dome etc. zu erinnern.

Ueber dem dreieckigen Dache des Thores, unter dem der Heilige den Sieg erfocht, ist zur Rechten und Linken je ein Vogel mit einem Schwanze angebracht, der an den Leib der Biene erinnert. Die

5. Der heilige Georg.

gleiche Phantasiegestalt kommt auch auf anderen Denkmälern und zwar oft paarweise vor. Einmal, bei Gayet Taf. LIV, haben die Flügel dieses Vogels die Gestalt viersaitiger Lauten. Statt des Federbusches auf dem Bild des Georg schmückt auf diesem das Haupt der Vögel ein einem Kleeblatt ähnlicher Aufsatz, und ihre einander zugeneigten Schnäbel tragen gleichsam das zwischen ihnen aufgerichtete Kreuz. Gayet hält sie für Symbole des heiligen Geistes, und ihr Kopf sowie der obere Theil ihres Leibes erinnert allerdings an die Taube. Der Federbusch auf dem Haupte des Vogels verbietet indess, ihn für eine solche zu halten. Auf Tafel LXXXVI haben diese Thiere Vogelfüsse, auf Taf. LIV (Gayet) aber stehen sie auf denen einer Quadrupede.

Wir glauben, dass sie den Vogel Phönix darstellen sollen.

Dieser trägt auf den ägyptischen Denkmälern, die ihn Bennu[1]) nennen, einen Federbusch am Kopfe, und der Physiologus berichtet, dass wenn er sich in der Sonnenstadt (Heliopolis) verbrannt habe, der Priester ein Insect in der Asche finde, am dritten Tage aber ein kleines Vogeljunge. Am vierten sei dies zu einem grossen Vogel geworden, begrüsse den Priester und kehre zu seinem früheren Aufenthaltsorte zurück. Vielleicht deutet der Bienenleib auf das Insect, aus dem der Vogel entstanden sein soll und das breite lautenförmige Schwingenpaar, Taf. LIV, auf die wohlriechenden Spezereien, die der Phönix auf seinen Flügeln nach Heliopolis bringt.

Hätte dieser Vogel wirklich den Phönix darzustellen, so müsste man auch in ihm ein Symbol Jesu Christi erkennen; denn der Physiologus sagt: »Der Phönix ist das Bild unseres Heilandes; er hat seine beiden Flügel angefüllt mit Wohlgeruch und Schönheit und

---

[1]) Sonst hat der hier dargestellte Vogel mit dem Bennu der Denkmäler, der am meisten der ardea cinerea oder purpurea gleicht (einem Wasservogel), schon wegen des kurzen Halses, wenig Aehnlichkeit. Doch schon der bienenförmige Schwanz nöthigt, ihn für eine Phantasiegestalt zu halten. Herodot gibt II, 73 die Hauptstelle über den Phönix, und er muss Abbildungen desselben gesehen haben, die dem Adler gleichen. Die lautenförmigen Flügel würden natürlich eher auf die schöne Stimme des Vogels als auf Wohlgeruch deuten. Sein Gesang wird indess nicht ausdrücklich erwähnt, nur lässt das äthiopische Buch Didascalia (Dillmanns äthiopisches Lexicon S. 1371) den Phönix vom Kopfe eines Götzenbildes aus gen Osten schauen und zur Sonne »beten«. Dies Gebet des Vogels ist doch wohl als Lobgesang zu fassen. Die Laute kann übrigens, wie auf alles die Sinne Anmuthende, auch auf Wohlgeruch deuten, und im Physiologus heisst es ausdrücklich, der Phönix habe seine beiden Flügel angefüllt mit Wohlgeruch, Schönheit und Kraft. Die Laute *nfr*, welche als Hieroglyphe das Schöne und Anmuthende bedeutet, hat allerdings eine ganz andere Gestalt. Das gleiche Instrument kommt auch unter den symbolischen Zeichen der griechischen Christen vor. Augustin serm. 9, 5 brachte die 10 Saiten der Harfe des David mit den 10 Geboten in Verbindung.

Kraft. Und er ist zu uns gekommen, wir aber sollen unsere Hände ausstrecken im Gebet zu ihm, damit wir unsere gute Bürgerschaft mit dem Wohlgeruch seiner Gnade anfüllen.« Später galt der Phönix auch im ganzen Abendland als Symbol Jesu Christi, der um die Menschheit von der Sünde zu erlösen, in den Tod geht und wieder aufersteht aus dem Grabe wie der Vogel aus der Asche. Das Nest des Phönix, das ja von edlen duftreichen Spezereien erfüllt war, soll dann zum Symbol der Maria geworden sein.

Man muss den Phönix auf koptischen Denkmälern als Symbol zu finden erwarten, und kein anderer unter den Vögeln, die sie zur Darstellung bringen, lässt sich eher für ihn halten als derjenige, den wir als den Phönix bezeichnen zu sollen meinten.

Die mehrfach vorkommenden **Adler** sind Nachbildungen des schon oben erwähnten Nechebt-Geyers oder das Symbol der inneren Wiedergeburt der Seele durch Jesus Christus, als welches der Physiologus den Adler bezeichnet[1]). Es ist unmöglich, sie für Darstellungen des Phönix zu halten.

Das doppelte Auftreten des Bildes dieses Vogels kann uns in der oben ausgesprochenen Annahme nicht hindern; denn man stellt auch zwei Kreuze, zwei A und Ω oder zwei  aus ästhetisch-symmetrischen Gründen wie Wappenhalter einander gegenüber, und sollte unser Vogel den heiligen Geist darstellen, wie GAVET vorschlägt, so wäre diese Duplicität ebenso wenig erklärlich. Im heidnischen Aegypten gehört der Phönix (Bennu) zu den Symbolen der Auferstehung nicht nur der Seele, sondern auch der untergegangenen Himmelslichter, und man hat ihn mit Recht »das Urbild der Wiederbelebung der Seele« genannt. Als Gott des Morgensternes schwebt er, wie die Denkmäler lehren, an den die Fackel schwingenden Lucifer erinnernd, der neuerwachenden Morgensonne, d. i. dem jungen Horus, als Ankündiger seines Nahens voran.

---

[1]) Nach HORAPOLLON bezeichnete der Adler, »der höher fliegt als die übrigen Vögel«, den König, der sich von den Anderen absondert etc. Diesem »Höherfliegen« soll der Adler nach den meisten Erklärern der christlichen Symbole seine bevorzugte Stellung unter ihnen verdanken.

Hiermit kann indess die Behandlung unseres Bildes des **heiligen Georg** nicht abgeschlossen werden; reiht es sich doch eng an eine Bildergruppe, die helles Licht auf die Entstehung der Verehrung dieses vom Anfang des vierten Jahrhunderts an in griechisch- und ägyptisch-christlichen Kreisen hoch angesehenen Heiligen wirft. Diese liefert mit unanfechtbarer Kraft den Beweis, dass die Legende vom heiligen Georg und die bildliche Darstellung seines Kampfes keineswegs, wie man früher vermuthete, erst von der Gestalt des Erzengels Michael ausgegangen ist.

Man hat St. Georg das »Irdische Nachbild« dieser kriegerischen Himmelsgestalt genannt, doch ist er vielmehr in Folge der Christianisirung einer alten heidnischen Mythe, deren älteste Wurzeln wir in dem Kampf des Horus gegen den Seth Typhon wiederfinden, zu einem früh verehrten christlichen Heiligen geworden[1]). Auch die Mythe vom Perseus, dem Tödter des die Andromeda hütenden Drachen, ist mit ihr verwandt.

Als lehrreichstes Mittelglied zwischen der heidnischen und christlichen Auffassung und Darstellungsweise unseres Heiligen ist nun ein kleines, im Louvre conservirtes Monument zu betrachten, dem sich einige andere parallele im British Museum anschliessen, und die von CLERMONT GANNEAU[2]) in die Wissenschaft eingeführt wurden. Das im Louvre stellt in einer unserem christlichen St. Georgsdenkmale S. 31 überraschend ähnlichen Weise den heidnischen Drachentödter mit

---

[1]) Im Kalender fand er unter dem 23. April 303 seine Stelle.

[2], CLERMONT GANNEAU, Horus et S. Georges. D'après un bas-relief inédit du Louvre. Revue archéologique. Paris 1877. Bd. 32, S. 196 ff., S. 372 ff. und Bd. 32, S. 23 ff. Warum Horus wie St. Georg in einer sonst in Aegypten seltenen Weise als Kämpfer zu Ross dargestellt wird, findet sich erklärt in Plutarchs Isis und Osiris, Cap. 19, wo Horus das Pferd für das für den Kampf nützlichste Thier erklärt, da es nicht nur wie der Löwe dem der Hilfe Bedürftigen beistehen könne, sondern auch dazu diene, den Fliehenden zu vernichten und den Feind zu verfolgen. Es scheint, als wären dem Plutarch ägyptische Bilder des zu Ross kämpfenden Horus aufgefallen. An sie hielten sich dann auch die Syrer, deren heimische Kunst sich aufs engste an ägyptische Vorbilder schloss, und das Denkmal im Louvre scheint auf dem Dreieck zwischen den Städten Arsuf, Lydda und Asdud seine Heimath zu haben. Lydda soll die Stätte des Martyriums des heiligen Georg gewesen sein und hiess auch Ἁγιογεωργιούπολις. Die Araber nennen unsern Helden Chidr, und die Betrachtungen, die CLERMONT GANNEAU an diese Sagengestalt knüpft, sind höchst interessant. Den meisten seiner geistreichen Combinationen stimmen wir bei.

dem Sperberkopfe des Horus dar, wie er von seinem Rosse aus das Unthier (den Seth Typhon) mit der Lanze durchbohrt (s. Titelbild). Der Drachentödter ist als römischer Krieger gekleidet, und es sei hier erwähnt, dass auf Münzen des ägyptischen Nomos von Apollinopolis, des Horusgaues, Horus ebenfalls als griechischer Krieger mit der Lanze in der Hand dargestellt wird. Bedenkt man ferner, dass Horus, der Gott der Auferstehung, der Saat die Keimkraft verlieh, so wird man die Wichtigkeit der Mittheilung CLERMONT GANNEAU's leicht erkennen, dass noch der in Palästina geborene arabische Geograph MOQQADESY berichten konnte, dass in seiner Heimath das Signal, mit der Saat zu beginnen, durch das grosse jährliche Fest zu Lydda, der St. Georgsstadt, d. h. durch das Fest des heiligen Georg, des Horus der Aegypter, gegeben worden sei.

Die kleinen Monumente im British Museum zeigen einen Krieger mit dem Sperberkopfe des Horus in römischer Soldatenrüstung. Die erhobenen, doch abgebrochenen Arme gestatten nicht, zu bestimmen, gegen wen sie kämpften.

Höchst charakteristisch für die Art der Verwendung heidnisch-ägyptischer Symbole in der koptischen Kunst ist das Bild der Mutter Gottes mit dem Kinde, Bild 7, S. 36. Schon wegen des unbedeckten Busens der Jungfrau darf es wohl für das älteste in dem uns beschäftigenden Kunstkreise hergestellte Madonnenbild angesehen werden.

Die spätere koptische Kunst verhüllt die Brust der Maria stets mit dem oft recht schwer gefalteten Gewande. Der alte Künstler, der dies Bildwerk herstellte, wich weit von der typischen Vortragsweise seiner priesterlichen Collegen aus der Pharaonenzeit ab, die bei Hautreliefdarstellungen den Kopf nie en face, sondern stets im Profil gaben, und sich, wie wir wissen, bemühten, der schönen Rundung des weiblichen Busens gerecht zu werden. Er zeigt das Antlitz Marias in voller Vorderansicht, giebt ihren Zügen und Gliedern — man möchte meinen geflissentlich — etwas Eckiges, Hartes, beinah Abstossendes und entkleidet auch die Form der Brust des Reizes, den sie auf vielen heidnischen Bildern der den Horusknaben nährenden Isis oder Hathor besitzt. Mag der Mann mit dem Bäumchen und Meissel (?) ihr gegenüber — wie GAYET will — Joseph, der Zimmermann, der Nährvater des Christkindes sein oder wer sonst, so hat doch die en face-Bildung seines Hauptes und die Gewandung gewiss nichts mit dem Kunststil zu thun, den wir »ägyptisch« nennen. Dennoch ist alles Einzelne auf diesem christlichen Bildwerke dem Vorstellungskreise der heidnischen Aegypter entnommen.

7. Mutter Gottes mit dem Kinde.

Ueber dem Ganzen schwebt die Geiergestalt der Nechebt, die mit ausgebreiteten Schwingen vor Gefahren beschirmt und besonders — als Eileithyia — die Wöchnerinnen behütet. Zwischen dem Vogel und den Gestalten der Jungfrau und des Joseph dehnt sich, diese beiden gleichsam bedachend, die Hieroglyphe ⎕, das *pt* gelesene Ideogramm für den Himmel aus, das wohl bestimmt ist,

Maria als im Himmel weilend zu bezeichnen. Der Stuhl, auf dem sie sitzt, zeigt die wohlbekannte Form derjenigen, auf denen wir die heidnisch-ägyptischen Götter so häufig thronen sehen 🪑 und deren Lehne die Hieroglyphe $\bigcap = s$ darstellt. Ihr Halsschmuck ist derjenige der vornehmen und göttlichen Frauen aus der Pharaonenzeit, und die Gestalt des Christkindes die des jungen Horus. Mutter und Kind könnte man ohne die Abweichungen von der kanonischen Vortragsweise und dem Heiligenschein am Haupt der Maria leicht für die Isis mit dem Horusknaben halten. Im Ganzen und Einzelnen bietet somit gerade dies Bildwerk eine vortreffliche Probe für den Geist der frühesten koptischen Kunst, der so viel wie möglich der heidnischen Vorzeit entlehnt, um den Werken der Bildhauer das nationale Gepräge zu wahren, dabei aber Allem aus dem Weg geht, was die Sinne zu reizen vermöchte. Das Bild soll keine Idee in vollendeter und durch die Kunst geadelter Form zur Anschauung bringen, sondern nur, wie der Ruf eines Namens, eine Vorstellung erwecken. Die beigegebenen Symbole haben daneben die zur Thätigkeit erregte Einbildungskraft in eine bestimmte Richtung zu lenken. Der Thron, auf dem die Mutter mit dem Kinde sitzt und die Hieroglyphe, die sich über sie wölbt, bezeichnen sie als Königin des Himmels.

Von dem »weiblichen« Geier der Nechebt-Eileithyia war es auch noch dem Eusebius bekannt, dass er das Wesen der Vorsteherin der Geburten symbolisch zur Darstellung bringe, und so hat er nicht von ungefähr Platz zu Häupten der Gottesgebärerin gefunden.

Sehr viele dieser Monumente sind Stelen oder Denksteine mit dreieckigem Giebelfeld, oder stellen die Vorderansicht von Gebäuden oder von Thoren dar, die in ein mit Säulen geschmücktes Heiligthum führen[1]). In der Pharaonenzeit war nun in jedem solchen Giebelfelde und über jeder zu einer den Göttern geweihten Stätte leitenden

Pforte die geflügelte Sonnenscheibe

angebracht, und dies Symbol hatte seine ganz bestimmte mythologische

---

[1]) Zu dieser Denkmälergattung gehört gewiss auch der Horus-St. Georg aus dem Louvre (Titelbild). Die zerstörte Umrahmung des Reiters kann nach unserem Bild 8, S. 31 ungefähr ergänzt werden.

Bedeutung, von der uns eine Inschrift zu Edfu am eingehendsten unterrichtet. In Gestalt dieser Sonnenscheibe hatte Horus den Sieg über seine Feinde erfochten[1]), und zum Andenken an diesen Triumph des Lebens über den Tod, des Lichtes über die Finsterniss, der Wahrheit über die Lüge, sollte hinfort an jeder Statue, wo man der Gottheit gedachte, dies Symbol angebracht werden[2]). So geschah es, und die geflügelte Sonnenscheibe wurde darum zu einem Merkmal und Wahrzeichen. Jedes Monument, woran man sie fand, war so bestimmt heidnisch-ägyptisch, wie ein Bauwerk als christlich oder

8. Ornament an Stelle der geflügelten Sonnenscheibe.

muslimisch angesehen werden muss, von dem uns ein Kreuz oder Halbmond entgegenschaut. Die Kopten durften es also nicht in genauer Nachbildung zum Schmuck ihrer Monumente verwerthen. Doch ganz von diesem echt nationalen Symbole zu lassen, dessen Bedeutung sich auch mit christlichen Ideen deckte, wäre ihnen schwer gefallen; ja ihre ästhetische Empfindung und die Gewohnheit forderten gebieterisch einen ihm ähnlichen Ersatz. So beraubten sie denn die Scheibe der Flügel und stellten sie an die gewohnte Stelle. Aus dem Discus wurde ein Kreis, und ihn sehen wir ent-

---

1) Naville, Textes relatifs aux mythes d'Horus recueillies dans le temple d'Edfu. Genève et Basle 1870.

2 S. auch H. Brugsch, Die Sage von der geflügelten Sonnenscheibe. Göttinger Nachrichten. 1870.

weder einfach oder doppelt, oder als Umrahmung eines Kreuzes oder des ⳩, ja sogar, wie Bild 13, S. 43 in Gestalt eines Gesichtes hoch über dem mit einer Rosette geschmückten Thore.

9. Kranz an Stelle der geflügelten Sonnenscheibe.

Bild 13, S. 43 an der Hausfronte gehen unter dem Antlitz rechts und links von dem Körper, den es krönt, spiralförmige Ornamente aus, die an die beseitigten Schwingen der geflügelten Sonnenscheibe erinnern. Auf Bild 8, S. 38 treten an Stelle der Fittige Blätter. Statt an eine Scheibe schliessen sie sich an einen dem alten Zeichen der Beständigkeit *dd* 𓊽 gleichenden Kegel, und dadurch entsteht ein

Bild, das dem alten Symbole gleich genug sieht und ihm dennoch seine heidnische Bedeutung entzieht. Auf Bild 9, S. 39 wird der Kreis von einem Lorbeerkranze umgeben. In seiner Mitte steht das ☧, und zwischen den Winkeln desselben das A und Ω. Auf Bild 10 und 11 wird das alte Symbol ☥, das jetzt daran erinnert, dass alles Leben nur in Gott sei, an Stelle der Scheibe in das Giebelfeld gesetzt; auf Bild 11, S. 41 so, dass der Henkel einen Doppelkreis bildet, und der untere verticale Theil des Zeichens bedeutend verkürzt wird. So gleicht es der alten Sonnenscheibe, von deren unterem Theil aus zwei Uräusschlangen, welche die Süd- und Nordgöttinnen Nechebt und Buto versinnbildlichten, in heidnischer Zeit den Kopf, die eine nach rechts, die andere nach links, ausgestreckt hielten ☊. Diese Schlangen werden durch die Horizontalstriche des Onch in Erinnerung gebracht.

10. Das Zeichen des Lebens an Stelle der geflügelten Sonnenscheibe.

Dies Monument, das vollständig ein von zwei Säulen getragenes Dach darstellt, zeigt die Jungfrau mit dem Kinde in abschreckend garstiger Darstellungsweise. Die Brust ist schon mit schweren, stark gefalteten Gewändern verhüllt. Unter dem Giebel ist der Name Thekla zu lesen, der sich indess nicht auf die Heilige dieses Namens bezieht. Das Denkmal ward nur — andere ähnliche Inschriften lehren es — von einer Thekla gestiftet.

Sonst kehrt das ♀ unverändert in der alten heidnischen Form einzeln oder paarweise wieder. Auf Bild 10, S. 40 steht eines in dem Thore und ein zweites über ihm im Giebelfelde.

Auch das Symbol der Uräusschlange 🐍 kommt vor.

Der Verfasser des Physiologus lässt die der Schlange zugeschriebenen Eigenthümlichkeiten den Christen mancherlei lehren[1]). An vierter Stelle erzählt er, sie gebe, wenn jemand sie zu tödten versuche, den ganzen Körper den Schlägen preis, den Kopf aber wisse sie ihnen zu entziehen. So sollten auch wir — fährt er fort — unseren ganzen Körper den Leiden darbieten, unser Haupt aber bewahren als solche, die wir unser Haupt, Christus nicht verleugnen;...

11. Das Zeichen des Lebens an Stelle der geflügelten Sonnenscheibe.

denn es stehe geschrieben: »Eines jeden Mannes Haupt ist Christus, das Haupt Christi aber ist Gott«.

Auf Bild 12, S. 42 sehen wir gewisse ornamentale Formen mit gekrümmten Spitzen, die entschieden an die Reihen von Uräusschlangen erinnern, welche die heidnisch-ägyptischen Architekten benutzten, um die Hohlkehle an Bekrönungen mit ornamentalem Schmuck zu versehen. Die erwähnten Figuren treten mit erinnernder Kraft an die Stelle ihrer Vorbilder, der Schlangen, und kommen so der Gewohnheit des Auges der christlichen Beschauer in ähnlicher Weise entgegen wie die der geflügelten Sonnenscheibe gleichenden neuen Figuren.

---

1) Ueber die Schlange bei den Gnostikern oben S. 23 u. 24. In der christlichen Symbolik weist sie sonst gewöhnlich auf das Böse, die Verführung, die List etc.

Auf unserem Bild 13, S. 43 fand diese Ersatz durch eine Rosette, und daselbst weiter oben durch das schon erwähnte menschliche Antlitz. Die anderen auf dieser Darstellung verwandten Symbole sind (mit Bezug auf das heilige Abendmahl) Brot und Wein.

Das Brot ist mit einem sternförmigen Ornament geschmückt, und dazu sei bemerkt, dass wir auch noch beim Abendmahl der heutigen Kopten statt der Hostien Brötchen gebrauchen sahen, in deren Rücken ein Kreuz oder christliches Zierrat eingebacken war.

13. Gewandeltes Uräusschlangenornament.

Die Form der Krüge (hier mit zwei Henkeln), aus denen die Reben erwachsen, ist den Aegyptologen bekannt. Der Wein wird durch an Reben hängende Trauben dargestellt.

Die alten Aegypter, die schon sehr früh Wein bauten und ihn als Getränk zu schätzen wussten, nahmen dennoch weder den Rebstock noch die Traube unter ihre Symbole auf; desto eifriger aber thaten dies (S. 14) die griechischen Christen; indessen hat kaum ihr Vorgang, sondern die Bibel, das Gleichniss vom Weinberg etc., die Kopten veranlasst, das Gleiche zu thun. Aehnlich verhält es sich auch mit anderen, den Aegyptern und Griechen gemeinsamen Sinnbildern.

Den oben erwähnten Stern auf dem Brote (s. unser Bild 13) könnte man auch eine Rosette nennen, während der Stern im Kreise Taf. VIII, Fig. 9 dem hieroglyphischen ✶ oder besser ⊛ gleichen würde, wenn er statt 6 nur 5 Strahlen hätte; denn der Stern besitzt, wo er auch in der Hieroglyphenschrift oder auf heidnisch-ägyptischen Darstellungen vorkommt, immer nur deren fünf. Er tritt darum auch häufig, wie auch HORAPOLLON richtig mittheilt, doch sonderbar begründet, für die Zahl 5 ein. Es wundert uns, dem auf heidnischen Monumenten und in der hieroglyphischen Schrift sowie von den Gnostikern und Magiern so häufig gebrauchten Stern auf unseren Denkmälern nur ganz vereinzelt und nie mit den in alter Zeit unerlässlichen 5 Strahlen zu begegnen. Die 6 Strahlen Taf. VIII, Fig. 9 danken schwerlich nur einem Fehler des Zeichners den Ursprung. Auf anderen Monumenten dieser Art

13. Antlitz an Stelle der geflügelten Sonnenscheibe.

wird man ihn vielleicht finden. In der Hieroglyphenschrift determinirte das ✶ ausser den Gestirnen auch Theile der Zeit, und der mit dem Kreis umgebene Stern ⊛ trat schon in Folge seines Lautwerthes für die unterweltliche Wohnstätte der Seele im Jenseits ein[1]).

---

[1]) Nach HORAPOLLON hätte der Stern, ausser der 5, auch den Weltengott (Θεὸν κόσμιον) oder das Schicksal (εἱμαρμένην), die Dämmerung, Nacht, Zeit und die Seele eines männlichen Menschen symbolisirt. Dem Zusammenhang, in den er

Andere koptische Symbole bieten zu verschiedenen Erklärungen Anlass. So die Hasen Bild 14, S. 44. Unten stehen zwei dieser Thiere einander gegenüber und fressen von einem Kraut. Links und rechts oben sieht man zwei andere, die je nach einem Blatt die Schnauze ausstrecken. Unter dem Dache stehen die oben erwähnten

14. Die Hasen.

Vögel, die wir für den Phönix halten. Ein Kreuz schwebt über ihren Schnäbeln.

---

den Stern, der, wie gesagt, den Aegyptern in der That diente, um die Zahl 5 zu bezeichnen, mit der 5 bringt, dankt wohl das bekannte Pentagramm  die Entstehung, das man im Mittelalter so häufig verwandte, um die Person oder das Haus vor dem Einfluss böser Geister und übler Zauberei zu beschützen. »Das Pentagramma macht Dir Pein?« fragt Faust den Mephistopheles; denn dies hindert

Für den **Griechen** war der Hase ein verächtliches Thier; für die Werthschätzung, die er am Nile genoss, spricht dagegen schon der Umstand, dass der erste makedonische König von Aegypten sich den Beinamen Lagos »der Hase« gefallen liess.

Die **Aegypter** benutzten das Bild des Hasen zunächst, um die Silbe *Un* (vielleicht sein Name) zum Ausdruck zu bringen, die »öffnen«, »offen«, »aufspringen« sowie »sein«, und substantivisch »das Seiende«, »das Wesen« bedeutete. Einer der höchsten Beinamen des Osiris war »*Un nfr*«, eine Bezeichnung, die wir das gute Wesen, das Sein des Guten, das Gute an sich, oder wie die Griechen »Agathodämon« übersetzten.

Dies Wort ward mit dem Hasen 🐇 *un* und der Laute 𓊹 *nfr* geschrieben, deren oberer Theil mit den Wirbeln einem Kreuze recht ähnlich sieht. Hieroglyphisch hätte dies »*un nfr*« in der ornamentalen Schreibweise der spätesten Zeit sehr ähnlich wie auf unserem Denkmal durch zwei einander gegenüberstehende Hasen, zwischen denen die Laute 𓊹 sich erhebt, dargestellt werden können 🐇 𓊹 🐇. Jedenfalls erinnert das Ganze an das *Un nfr* der Inschriften.

Der **Hase** fällt in dieser Gruppe am meisten ins Auge, und da uns dies Thier nicht nur auf den koptischen Monumenten sondern auch auf griechischen und neueren als christliches Symbol begegnet, werden wir seinem Vorkommen auf den heidnischen Denkmälern nachzugehen haben.

Da finden wir ihn oft genug als jagbares Thier naturgetreu

---

ihn, die Schwelle des Doctors zu überschreiten. Das Vorkommen und die Bedeutung des Sternes bei den Gnostikern und Magiern zu behandeln, ist an dieser Stelle nicht möglich, doch würde dies mancherlei Fäden bloslegen, die auch im Abendland von der Religion und dem Aberglauben der Aegypter fortgesponnen wurden. Man müsste bei den Sphären der pantheistischen Königsgräbertexte und der Sphärenmusik der Pythagoräer beginnen und am längsten bei den Planetengeistern des Basilides und den Aeonen (αἰῶνες), überirdische Wesen, in denen sich die Gottesidee vom Demiurgos (Weltschöpfer) an bis zu ihrer erhabensten Erscheinungsform, dem Erlöser, documentirte, sowie bei anderen gnostischen Speculationen verweilen. In der heutigen katholischen Symbolik ist der Stern Jesus Christus. In Verbindung mit der Sonne, wo diese dann den Heiland bedeutet, versinnbildlicht er die Mutter Gottes, weil dem Erscheinen der Sonne der Morgenstern vorangeht. Dieser scheint weit öfter auf Maria, als auf Christus (die Sonne) zu deuten.

dargestellt, bald als von dem Weidmanne erlegt, bald als Fang des von den Feldern heimkehrenden Landmannes und Hirten.

Doch er gehörte auch zu den heiligen Thieren; denn er wurde der Balsamirung gewürdigt¹).

Im Hermopolitischen Gau war er heilig, und es wurde dort eine hasenköpfige Gottheit Unnut verehrt. Auch in männlicher Auffassung als Un und Unu kommt dies hasenköpfige Numen vor, dessen Leib in Dendera mit Mumienbinden umwickelt ist und wie Osiris Geissel und Krummstab in der Hand hält. In den Vignetten zum 146. Kapitel des Todtenbuches ist es mit Messern bewaffnet²). Le Page Renouf³) sieht in dem hasenköpfigen Gotte eine Osirisform⁴), und übersetzt den Namen 𓏃𓈖𓆑 *Un nefr*, der so oft als ein königlicher des Osiris mit dem Königsschilde umgeben ist, nicht »das gute Wesen« oder »Agathodämon«, sondern »der schöne Hase«. Er findet, dass in der frühen Zeit der Entstehung dieser Bezeichnung *un* — sein oder das Seiende zu metaphysisch, *nefr* — gut zu ethisch gewesen wäre. Der schöne Hase ist freilich ein der Anschauungsweise der frühesten Aegypter durchaus angemessener Begriff, und dazu zeigt Renouf, dass in Amerika auf einem ausserordentlich weiten Gebiet bei den Algonkins die Verkörperung des Lichtes, die höchste Gottheit, der sie die Stiftung ihrer Religion und gesammten Kultur zuschreiben, Manibogho oder Michabo d. i. »der grosse Hase« genannt worden sei. Diese Analogie ist bemerkenswerth, und des scharfsinnigen Engländers Erklärung des *Un* als Hilfszeitwort mit der ursprünglichen Bedeutung von sich erheben, aufstehen, keineswegs von

---

1) Obgleich Parthey (Isis und Osiris. S. 261 ff.) ihn nicht unter den balsamirten Thieren erwähnt, ward er dennoch mumisirt. Gegenwärtig ist mir unter den gewiss auch anderwärts vorhandenen eine Hasenmumie in Leyden, die in einem viereckigen Kasten mit Pfeilern an den Kanten gelegen hatte. Leemans erwähnt sie als »momie de lièvre« In der Description raisonnée des monuments égyptiens du musée etc. à Leide. Leide 1840. S. 198, N. 15 und 16. Unter den Thierfiguren und Amuletten befinden sich in allen Museen zahlreiche Hasen, meist in liegender Stellung und von Faïence.

2) Bei Naville Taf. CLXIV, B *a* unter einem Thore hockend, das eine Schlange bewacht.

3) Le Page Renouf, The Myth of Osiris Unnefer. Proceedings of the society of Biblical archaeology. Vol. VIII. 1886, S. 111 ff.

4) Er kommt auch in der Liste der Namen des Osiris im 142. Kapitel des Todtenbuches vor.

der Hand zu weisen. Sein Hasengott *Un* scheint auch eine berühmte Stelle des wichtigen 17. Kapitels des Todtenbuches zu erklären, und doch zaudern wir, uns seiner Annahme, so geistreich sie auch sein mag, anzuschliessen, weil gerade in diesen Texten die Varianten die Bedeutung »sein« für *Un* bestätigen. Näher auf diese Frage einzugehen, fehlt es hier an Raum. Wenn das 🐇 in *Un nfr* wirklich ursprünglich »der Hase« bedeutete, so muss dies in späterer Zeit doch vergessen gewesen sein[1]. Die Griechen übersetzen die Osirisform *Un nefr* (davon der hellenistische Personennamen Onnôphris) Agathodämon, und so haben sie gewiss *Un nefr* als das »gute Wesen« gefasst. Möglich, dass diese Umdeutung einer späteren Zeit entstammt und man ursprünglich unter *Un nefr* den »schönen Hasen« verstand. Der Name eines Objectes pflegt allerdings von einer seiner Eigenschaften hergeleitet zu werden, und den Hasen als den Aufspringenden zu halten geht ebenso wohl an wie die gleichfalls mit dem Hasen geschriebenen und *unnut* gesprochenen Stunden als »die Flüchtigen« zu bezeichnen. Wenn HORAPOLLON unser Thier »das Oeffnen« bedeuten lässt[2], so — und die mit dem Hasen geschriebene Silbe *un* hat sicher diesen Sinnwerth — darf man dabei an unser Aufspringen, freiwilliges Sichaufthun (z. B. eines Schrankes) denken; doch in der späten Zeit, die uns hier allein angeht, verstand man unter *Un nefr*, trotz der Möglichkeit, diese Gruppe »der Eröffner des Guten« zu übersetzen, nur noch »das gute Wesen«, und nichts weist darauf hin, dass der Hase noch *Un* genannt worden sei[3]. Dennoch war das 🐇 sicherlich das charakteristischste und sich am besten einprägende Zeichen in dem Namen des Agathodämon, und es ist sehr möglich, dass in Folge eines seltsamen Ungefährs, oder einer in christlicher Zeit freilich schwer annehmbaren gelehrten Erinnerung der Hase von Neuem benutzt wurde, um nicht mehr die Osirisform des guten Gottes oder göttlichen Wesens, wohl aber — der christlichen Auffassung gemäss — die Güte Gottes zu versinnbildlichen.

[1] Den Hasen selbst hören wir nur noch ═══ *sh'at* nennen und seine koptischen Namen ⲣⲁⲧϥⲁⲧ oder ⲥⲁⲡⲁϣⲱⲟⲩⲧⲩϣ sind neue Bildungen.

[2] HORAPOLLON. Hierogl. I, 26. Er soll »das Oeffnen« bedeuten, weil der Hase immer offene Augen habe.

[3] Trotz eifrigen Suchens fanden wir im neuen Reiche den Hasen als Thier nirgends *Un* genannt.

Könnten wir uns entschliessen die National-Aegypter jener Zeit den Osirisnamen »Un nfr« »der schöne Hase« übersetzen zu lassen, so wäre aus dem Thier des Osiris ein Symbol Christi geworden. Die Gnostiker stellen den Agathodämon in Schlangengestalt oder mit dem Zeichen der Befruchtung dar; sonst aber auch als Jüngling mit Korngarben, Mohn und einem Füllhorne in den Händen.

Jedenfalls kehrt der Hase auch ausserhalb Aegyptens auf christlichen Gemälden wieder. Ob er den Darstellungen aus alter Zeit, auf denen wir ihn ziemlich oft fanden, nur als Staffage zugefügt wurde, mag dahingestellt bleiben; später fand er gewiss einen Platz unter den Sinnbildern und einmal sogar in wunderlicher dreifacher Wiederholung als Symbol der heiligen Dreieinigkeit. Im Kloster zu Muothothal (Schweiz) sind die drei Hasen nämlich so gegeneinander gestellt, dass das rechte Ohr eines jeden zugleich das linke eines anderen ist, alle drei zusammen also nur drei Ohren haben. Wie gerade der Hase dazu kommt, hier die Trinität zur Anschauung zu bringen, weiss auch Wolfgang Menzel, dem wir diese Mittheilung verdanken, nicht zu erklären[1]). Warum der Hase mit Christus zusammengebracht wurde, erfahren wir von Geiler von Kaisersberg, dem Strassburger Domprediger und Schriftsteller, † 1510, der den Hasen mit dem Heiland vergleicht, weil beide fortwährend der Verfolgung ausgesetzt seien. Die ebenfalls von Menzel erwähnte »Mutter Gottes zum Hasen« von Thüngenthal schuldet ihre Verehrung einer localen Legende. Auch was wir sonst von diesem Thier in der späteren christlichen Symbolik an verschiedenen Stellen fanden, ist an sich von geringer Bedeutung[2]); aus der Zusammenfassung dieser Berichte lässt sich aber entnehmen, dass die Kirche dem Hasen in der That eine gewisse aus alter Zeit stammende sinnbildliche Bedeutung zuschrieb.

Seltsam genug muss man bei der Bestimmung der Idee, die er symbolisirte, doch wohl auf Geiler von Kaisersberg zurückkommen und ihn für ein Sinnbild Jesu Christi halten. Vielleicht hat wirklich die Verfolgung, der er ausgesetzt ist, vielleicht seine Sanftmuth dazu Anlass gegeben, — vielleicht sind es aber auch geheime Fäden, die

---

1) Wolfgang Menzel, Christliche Symbolik. Eilenburg 1854. S. 374 u. 75.
2) Es gehört dazu die Mittheilung, dass die Hasen fröhlich herbeieilten, wenn der heilige Franciscus nach ihnen rief.

den Hasen Geiler's mit der Hieroglyphe, die die Hälfte des ägyptischen Agathodämon-Namens bildet, verbindet, und die, hat Le Page Renouf Recht, ursprünglich den Hasen und eine der am höchsten verehrten Formen des Osiris, des »Auferstandenen der Aegypter«, darstellte.

Was den Phönix angeht, so hat er sich sicher und gewiss von Aegypten aus in die christliche Symbolik des Abendlandes gemischt, in der er auch heute noch seinen Platz behauptet. Neben ihm bestanden auch andere Phantasiegebilde aus der heidnischen Mythologie im Bewusstsein der ersten Christen am Nil und anderwärts fort. An jene Dämonen zu glauben, die in den Systemen der späteren alexandrinischen Philosophen und namentlich der Neuplatoniker als Mittelwesen zwischen Mensch und Gottheit eine so hervorragende Rolle spielten, gestattete die Schrift, die ja auch mit ihnen rechnet. Die Kirche ernannte sogar in den ersten Jahrhunderten eigene Beamte — Exorcisten — behufs ihrer Vertreibung.

In der Vorstellung der ältesten Gemeinde lebten aber auch die olympischen Götter fort. Die Kirche begnügte sich, vor ihnen als vor falschen oder Lügengöttern zu warnen und, wie wir wissen, verhältnissmässig früh ihre bildliche Darstellung zu verbieten, auch wenn sie nur einen Hinweis auf christliche Ideen bezweckte. Die Aphrodite zu malen und aus Stein zu meisseln oder auch nur den Blick zu einem ihrer Bilder zu erheben, war streng und als sündhaft verpönt; sie selbst aber durfte es immer noch wagen, als tückische Teufelin und ruchloser Dämon die frömmsten unter den frommen Büssern in Versuchung zu führen. Wie sorglos Magier und Zauberer bis zum siebenten Jahrhundert die gesammte in Aegypten bekannte heidnische Götterwelt in den Beschwörungen mischten, ward schon oben (S. 24 und 25) erwähnt.

Das völlige Hinsinken der alten heidnischen Verehrungswesen in das Nichts fällt in spätere Zeiten.

Der Physiologus darf der oberen Götter der Griechen nicht mehr gedenken, den Sirenen und Kentauren widmet er aber einen Abschnitt, worin er jene den Christen vergleicht, die nur äusserlich Gläubige zu sein schienen, sich der Kraft des Sakramentes widersetzten und mit dem Wohllaut ihrer Stimme die Einfältigen verführten. Zwar nennt er sie »Mörder«, ihrer Stimme schreibt er aber einen entzückenden Wohllaut zu.

Vieles, woran man in den Kreisen der alten Religion freudig geglaubt hatte, gebietet die neue zu verachten, bis sie es so weit ausstösst, dass es uns nur noch im Bereiche des Aberglaubens wiederbegegnet. In späterer Zeit, nachdem die Gefahr des Rückfalles in den Götzendienst beseitigt war, scheute die Kirche sich, wie gesagt, nicht, sich ausser den Sirenen und Kentauren der Sophia und Eos, des Lucifer, des Odysseus etc. als Symbole wieder zu bedienen. Der Sirene wurde sogar, nachdem man sie als Verführerin gebrandmarkt hatte, die Ehre zu Theil, wo ihr ein Löwe gegenübersteht, als Sinnbild der Wiedergeburt und Auferstehung betrachtet zu werden.

Zum Schluss sei hier noch einer merkwürdigen zu Erment (Hermonthis) in Oberägypten gefundenen, leider stark beschädigten Platte (Taf. LVI. Fig. 72) gedacht, die uns in freier und doch geschmackvoller Gruppirung die meisten heiligen Symbole, deren wir gedachten, vor Augen führt.

Die Raute in der Mitte dient einem Kruge zum Zierrat, und unter ihr ist eine zweite ungehenkelte Vase zu sehen. Diese entspricht in der Form der Hieroglyphe ☥, die *hos* gelesen wurde, und wohl die Kopten, bei denen *hos* (ϩⲱⲥ) immer noch loben und einen Lobgesang bedeutete, zum Lobgesang für Alles auffordern sollte, woran sie sich durch die hier zusammengeführten Symbole erinnert sahen.

Die Vasen in der Mitte werden von dem umkränzten , das über dem A und Ω schwebt, von Fischen, dem ☥, und von der Aedicula, in der wir manche Symbole stehen sehen, mit einem unkenntlichen Gegenstand unter dem dreieckigen Giebel des den viereckigen Unterraum bedeckenden Daches umgeben.

Rechts oben zwischen zwei Weintrauben sehen wir eine sargartige Kiste mit Akroterien am Deckel und der koptischen Inschrift ⲉⲓⲉⲃⲧ. Dies Wort bedeutet den Osten, der Kasten aber stellt wegen der Taube, die auf ihr steht, sicher die Arche des Noah dar. Diesem Symbol sind wir auch auf frühen, anderen Kreisen entstammenden christlichen Bildern begegnet, und es weist gewiss auf die Auferstehung der Seele, der nach dem Tode ein neues

Leben bevorsteht, wie der von der Sündfluth geretteten Welt frisch
ergrünendes Heil und der am Abend untergegangenen Sonne ein
neuer Aufgang am Morgen. Daher auch die Inschrift ⲉⲓⲉⲃⲧ der
Osten, die Stätte des Wiedererscheinens des Tagesgestirnes. Vielleicht
weist dieses Wort auf der Arche auch auf das alte »ex oriente lux«
und das Heil, das auch für die Aegypter von Osten her in die
Welt kam[1]).

Einen verhältnissmässig grossen Raum nehmen endlich zwei
Weintrauben und zwei fein und naturgetreu ausgeführte Eichen-
blätter ein.

Ueber jene ward schon das Nöthige gesagt. S. 42.

Ueber die Bedeutung des Eichenblattes, das wir sonst
nirgends unter den christlichen Symbolen fanden, lässt sich nichts
Sicheres behaupten. Auch unter den Hieroglyphen und Sinnbildern
der heidnischen Aegypter kommt es nicht vor, wir erinnern uns
aber einer Stelle in Plutarchs Isis und Osiris (Kap. 37), in der es
heisst, die Hellenen hätten dem Dionysos den Ephen geweiht, der
bei den Aegyptern Χενόσιρις (Chenosiris) heissen solle, was die Pflanze
des Osiris bedeute. Aber es kann hier vom Epheu kaum die Rede
sein; denn *chen*, koptisch ϣⲏⲛ (*xchén*) bezeichnet kein Schling-
gewächs, sondern einen Baum und gewöhnlich (ob das französische
chêne damit zusammenhängt?) eine Eiche. Der im Turiner Exemplar
des Todtenbuches (125. Kapitel) in einem Blumentopf steckende —
wenn der Ausdruck erlaubt ist — »Thyrsusstab« des Osiris, an dem
hier ein Pantherfell hängt, kommt anderwärts zwar auch mit einer
Schlingpflanze vor, die man für Epheu halten könnte, es scheint
aber, als habe der Berichterstatter des Plutarch ihm auf seine Frage
nach dem ägyptischen Namen für die Pflanze des Osiris, als welche
er griechisch den Epheu kannte, die Eiche genannt, die ihm,
dem Hermeneuten zunächst als heiliger Baum des Gottes vor-
schwebte.

Das Blatt dieses Baumes muss jedenfalls zu den bevorzugten
Symbolen der Kopten gehört haben; wie hätten sie es sonst ihren
heiligsten Sinnbildern beigesellen können?

---

[1] An die gewöhnliche Bedeutung der Arche, in der katholischen Symbolik
»das Schiff der Kirche«, kann hier kaum gedacht sein.

Plutarch scheint sich übrigens auch eines zweiten für uns nicht unwichtigen botanischen Irrthumes in der gleichen Schrift schuldig zu machen; denn er erzählt (Isis und Osiris, Kapitel 15), die Lade mit der Leiche des Osiris sei bei Byblos in Phönizien ans Land gespült worden, und dort habe ein Baum sie rings umwachsen, der später, da der König seine Grösse bewundert habe, als Stütze unter das Dach seines Hauses gestellt worden sei. Diesen Baum nennt er eine Erica (ἐρείκη). Vergegenwärtigt man sich aber die Grösse eines ägyptischen Sarkophages, so kann man sich ihn unmöglich von dem Holz unseres Heidekrautes umwachsen denken. Dass die erica cinerea oder arborea, wie Schneider im Harles. Theokrit vorschlug, für Plutarchs ἐρείκη zu halten sei und dass die Griechen diese Pflanze überhaupt zu den Eriken zählten, scheint uns wenig wahrscheinlich. So haben wir es denn auch hier mit einer Verwechselung zu thun, und es liegt nahe, wegen der Dicke des einen Sarg umwachsenden Baumes und seiner Festigkeit als Stütze eines Daches an die Eiche zu denken.

Darauf würde auch ein merkwürdiger Nachklang der Osirissage deuten, der mit der bekannten Legende von der heiligen Christine, der Tochter eines vornehmen Römers, zusammentönt. Die Leiche dieser wunderthätigen Märtyrerin soll nämlich wie die des Osiris von einem Baume, und zwar von einer Eiche, die sich ihr freiwillig öffnete, aufgenommen und umschlossen worden sein.

Woraus die Lade, in die Seth-Typhon und seine Genossen den Osiris lockten, bestanden haben soll, wissen wir nicht; dieser Theil der ägyptischen Mythe fand aber gleichfalls den Weg in das Abendland und begegnet uns, mehr oder weniger beschädigt, in mehreren Märchen, am besten in dem vom »Meisterdiebe« wieder.

Der Fisch, der gleichfalls zwei Mal auf unserem Denkmale vorkommt, gehört zu den allerbeliebtesten Sinnbildern der frühen griechischen Christen und wurde als solches auch von der gesammten Kirche angenommen. Die Hellenen, die sich zu dem neuen Glauben bekannten, mögen ihn zunächst zu den Symbolen gefügt haben, weil er in ihrer Sprache ἰχθύς (ichthys) heisst und die beiden Anfangsbuchstaben dieses Wortes i und ch diejenigen des Namens Jesus Christus sind, ausserdem aber alle einzelnen Lettern des Wortes ἰχθύς (ichthys) die Anfangsbuchstaben des Satzes: Ἰησοῦς Χριστὸς Θεοῦ υἱὸς σωτήρ »Jesus Christus Gottes Sohn, der Erlöser (Retter)«

bilden. Nach der Wahrnehmung dieses Zusammentreffens war es dann leicht, in der Bibel Aussprüche zu finden, welche die Wahl des Symboles rechtfertigten. Sepp wies uns darauf hin, die Israeliten hätten den Messias zu einer Zeit erwartet, in der die Sonne im Thierkreiszeichen der Fische stehen werde[1]). Das mag unter den Judenchristen bemerkt worden sein, der ganzen Christenheit und auch den Kopten waren aber die Bibelstellen bekannt, welche die für die Taufe zu gewinnenden Seelen mit Fischen vergleichen. Zunächst Matth. 4, 19 parallel Marc. 1, 17, wo der Heiland den Brüdern Simon-Petrus und Andreas zuruft: »Folgt mir nach. Ich will Euch zu Menschenfischern machen«; dann aber auch Lucas 5 vom zweiten bis zehnten Verse, wo die Geschichte vom Fischzuge Petri erzählt wird. Nach dem überreichen Fange, den der Jünger dem Heiland verdankte, erkannte er mit frommem Entsetzen die überirdische Gewalt des Meisters, und mit ihm Jacobus und Johannes; Jesus aber sprach zu Simon-Petrus: »Fürchte Dich nicht; denn von nun an wirst Du Menschen fahen«.

Auch hier ist der Fisch Sinnbild der zu bekehrenden Seelen.

Nach Tertullian[2]) wäre er das Symbol des Christen, weil für ihn das Wasser das Lebenselement ist wie für den Christen, der damit getauft wird.

Dies Alles war auch den Kopten bekannt, und so benutzten auch sie den Fisch, um die durch die Taufe dem Glauben gewonnene Christenseele oder auch den Heiland selbst zu versinnbildlichen. In heidnischer Zeit hatten die meisten Fischarten unter ihnen als unrein gegolten und waren den Priestern als Speise verboten gewesen. Die mythologischen Gründe dafür sind uns wohl bekannt[3]), und Horapollon denkt an die rechte Bedeutung der Hieroglyphe , die das, was nicht sein soll, d. h. das Untersagte, Schlechte, Verbrecherische, Unreine, Schädliche, Hassens- und Verabscheuungswerthe und

---

[1]) Sepp, Leben Jesu I, 27, 31.
[2]) Tertullian, Opera. ed. Migne III, p. 1140.
[3]) Den vornehmsten sehen wir in dem Umstand, dass das einzige Glied, das Isis von dem in 14 Theile zerrissenen Körper ihres Gatten Osiris nicht wiederfinden konnte, von den Fischen Lepidotos, Phagros und Oxyrynchos, οὓς μάλιστα τῶν ἰχθύων ἀποτροπαιοῦσθαι, »die von allen Fischen am meisten verabscheut worden«, Plut., Is. u. Os., Kap. 18, verschlungen sein sollte.

den Hass selbst determinirt[1]. wenn er den Fisch zeichnen lässt, um Unrecht und Hass zum Ausdruck zu bringen[2].

Dennoch konnte es den Kopten nicht schwer fallen, diesem von Jesus Christus selbst benutzten Symbol Aufnahme zu gewähren; denn gewisse Fischgattungen hatten sie von Alters her der Verehrung werth gehalten, und sie zu den heiligen Thieren gezählt; so den Màotes (Silurus Qarmûth, verehrt in Elephantine), den Physa, der mit dem Mond in Verbindung gebracht wurde, weil seine Leber (Aelian de nat. anim. XII, 13) mit den Mondphasen ab- und zunehmen sollte, den Silurus (Wels), den man in einem Teiche zu Bubastis futterte (Aelian n. a. XII, 29), den Sir (Accriua), der sich mumisirt findet, obgleich wir nichts von seiner Heiligkeit wissen, und den Aal, der dem Nil geweiht war (Herod. II, 72)[3]. Die höchste Verehrung genoss wohl der Latus (λάτος), Perca nilotica, de Pauw, und zwar in dem nach ihm benannten Latopolitischen Gau, dessen Hauptstadt Latopolis das heutige Esne ist. Hier scheint er mit dem Kult des Chnum Ra und der Nehmut, die STRABO Minerva nennt, in Verbindung gestanden zu haben.

Unter den Inschriften in der erhaltenen Tempelhalle von Esne findet sich das Verbot, diesen Fisch hier zu essen.

Die Münzen des Gaues zeigen den Latusfisch auf der rechten Hand eines nackten Speerträgers, der auf dem Haupte Kuhhörner mit der Sonnenscheibe trägt, oder nur den Fisch Latus[4]. Der

---

1) So 𓃀𓂧𓅱 bdu. 𓃀𓂧𓅱 bdu. Im Demotischen bdu, bdy-t etc., und auch noch im Koptischen ⲃⲟⲧⲉ, ⲃⲁϯ, ⲃⲟⲧϯ abominatio, ⲃⲟϯ detestatio, nefarius, profanare.

2) Als Grund führt er an, dass es für verabschenungswürdig gelte, ihn an heiligen Stätten zu essen, und weil die Fische sich unter einander auffrässen.

3) Die Verschlinger des Osrisgliedes, die Plutarch, Is. u. Os., Kap. 18, als allgemein verabscheut bezeichnet, wurden in manchem Gau heilig gehalten. Der Lepidotus genoss nach Ptolemäus IV, 5, 72 Verehrung in Lepidotopolis, und nach STRABO sogar allgemein. Er ist nach PARTHEY, der die heiligen Fische aufzählt (Plutarch, Is. u. Os., S. 267), Cyprinus lepidotus, Goffroy; — Characinus dentex Savigny. Der Oxyrynchus, eine Art Mormyrus, arab. Qanûma, sollte wieder nach STRABO nicht allgemein verhasst gewesen, sondern in der Stadt Oxyrynchus verehrt worden sein. Auch der Phagrus ward trotz Plutarch in einigen Gauen verehrt.

4) Unter Hadrian geschlagen Æ (C. M.). JAQUES DE ROUGÉ, Monnaies des nomes de l'Egypte. Paris 1873. S. 9.

nackte Mann auf der an erster Stelle erwähnten Münze soll wohl, wie J. de Rougé richtig bemerkt, der Gott Chnum Ra sein, und seinen Kopfschmuck finden wir auf einer Reihe von kleinen Denkmälern aus der Pharaonenzeit wieder, die den Latustisch in Erz oder Fayence darstellen und die in allen Sammlungen, oft in grosser Zahl, zu finden sind und sich sicher auf den Latus- und Chnum Ra-Kultus von Latopolis-Esne beziehen. Manche — wir besitzen selbst einige schöne Exemplare von Bronze — haben unten einen stiftartigen Vorsprung, der dazu diente, sie auf- und den Verehrern vor Augen zu stellen.

Es waren die Aegypter also gewöhnt, diesen Fisch heilig zu halten, und sie unterzogen sich auch der Mühe, ihn und die oben erwähnten anderen heiligen Arten zu mumisiren[1]).

Man wäre also wohl berechtigt, die Fische auf den koptischen Monumenten gleichfalls mit heidnisch-ägyptischen Symbolen in Verbindung zu bringen; wir glauben aber, dass dies Sinnbild zuerst von griechischen Christen benutzt worden sei, und dass die frühe Verehrung gewisser Fische am Nil es den Kopten nur erleichtert habe, es zu den auch von ihnen bevorzugten christlichen Symbolen zu gesellen. Es sei bemerkt, dass die auf der Platte von Ernient dargestellten Fische dieselbe Gattung zur Anschauung bringen wie die der erwähnten kleinen heidnischen Bronzedenkmäler. Das Gleiche gilt von anderen Fischen, die sich auf unseren Monumenten finden.

[1] In vielen Museen werden mumisirte Fische conservirt. Passalacqua's Sammlung, die den Grundstock des Berliner ägyptischen Museums bildet, enthält deren schon eine ziemliche Menge von Nr. 426—438, von denen manche in Kästen liegen, die die Form dieser Fische tragen. Es befinden sich darunter auch (Nr. 337 und 338) zwei grosse Nilkarpfen. In Leiden gibt es eine mit Stuck überzogene Latusmumie und zwei andere mit Binden umwickelte in einer Schachtel in Gestalt des Fisches (Nr. 44) und eine Nr. 46, die in einem Kasten (Nr. 45) liegt, auf dem das Bild des Fisches zu sehen ist. Die Nummern beziehen sich auf S. 197 der Leemans'schen Description raisonnée des monuments égyptiens du Musée etc. à Leide. 1840. Aehnliches in allen anderen Museen; auch in dem der Eremitage zu St. Petersburg. Der jüngst erschienene sorgfältige Katalog von Golenischeff erwähnt z. B. einer Schachtel mit dem Bilde eines Fisches und seines Inhaltes, eines in Binden eingewickelten mumisirten Latus. W. Golenischeff, Ermitage imperial. Inventaire de la collection égyptienne. S. Petersbourg 1891. S. 71. Armoire IV, Nr. 619—620[b]. Die mumisirten Fische in anderen Museen lassen wir unerwähnt.

Die Taf. LIII, Fig. 69 haben nur der Raumbenutzung und der Einheit der Vortragsweise zu gefallen seltsam stilisirte eckige und zugespitzte Schwänze.

Die auf der Platte, von der die letzten Betrachtungen ausgingen, zusammengestellten Symbole waren sämmtlich aufs Sorgfältigste ausgeführt, wie sich trotz ihrer Beschädigung noch wohl erkennen lässt. Das Gleiche gilt auch von anderen hier behandelten Monumenten, unter denen sich einige vortrefflich componirte und namentlich in Bezug auf das Ornament wahrhaft künstlerisch durchgeführte befinden.

Die harte ungelenke, ja abstossende Weise, mit der wir z. B. Taf. IX, Fig. 11, Taf. XXV, Fig. 30, Taf. XXVII, Fig. 32, Taf. XXIX, Fig. 34 und auch auf dem oben wiedergegebenen und S. 36 besprochenen Muttergottesbilde die menschliche Gestalt und besonders das Antlitz von Männern und Frauen behandeln sehen, darf mit nichten der Ungeschicklichkeit der koptischen Künstler zugeschrieben werden.

Gegen das Unterfangen, überhaupt ein Menschenbild aus Stein zu hauen oder aus Holz zu schnitzen, erhoben sich viele missbilligende Stimmen, und wo man es dennoch zu bilden gestattete, musste Alles vermieden werden, was die mühsam unterdrückte, besonders von den Magiern und Zauberern genährte Lust, das Bild anzubeten, neu zu erwecken drohte.

Dennoch hätte die koptische Kunst vielleicht einen ansprechenderen Typus der menschlichen Gestalt herausgebildet, wenn nicht durch die Noth und die blutigen Unruhen in der Zeit ihrer Uebung dem Fortschreiten überall Schranken gesetzt worden wären.

Dies Alles stützt sich auf eine Menge von Mittheilungen und Thatsachen, es wird aber auch durch unsere Bilder selbst bestätigt; denn die Künstler, welche die Taube in der schönen umrahmten

Nische Taf. XVI, Fig. 21, das mit Lorbeer umkränzte

auf unserer S. 39, das reich geschnitzte Brett aus Edfu Taf. LXXXIII, Fig. 93, die Maske auf dem prächtigen Ornamentalstreifen Taf. XCIII, Fig. 106 und das schöne Stelenornament Taf. XCVIII im Nachtrage schufen, waren tüchtige Bildhauer, und auch die Composition und Ausführung des mehr architectonischen Theiles der anderen hier abgebildeten Kunstwerke macht nur selten den Eindruck des Unvermögens oder der Unbeholfenheit. Bei der Zeichnung der Ornamente scheute sich der koptische Künstler freilich nicht, griechische Motive zu Hülfe zu nehmen, und wir sehen ihn die Mäanderlinie oder Grec-Borte, die sich übrigens schon im alten Reiche Jahrtausende vor den ersten uns bekannt gewordenen hellenischen Kunstwerken unter der Ausmalung ägyptischer Grüfte findet, und andere Motive der hellenischen Ornamentalkunst unbedenklich mit nationalen oder selbsterdachten vermischen.

Was die Symbole angeht, so erhielten, wie wir sahen, die heidnisch-ägyptischen den Vorzug selbst vor denen der anderen Christen[1]), und dies entspricht durchaus der altägyptischen Eigenart, die zäh an dem einmal Erworbenen festhält und selbst bei einschneidenden Neubildungen lieber und häufiger auf das Aelteste und durch das Jahr Geheiligte zurückgreift, als in freier Erfindung noch nicht Dagewesenes erdenkt oder aus der Fremde einführt. Neuen schriftstellerischen Werken suchten die Aegypter in der Pharaonenzeit Geltung zu verschaffen, indem sie ihnen nachsagten, sie seien unter der Regierung uralter Könige entstanden und unter den Füssen einer Götterstatue oder an anderen Verstecken aufgefunden worden. Unter den Saïten reformirte man die Kunst durch eine Neubelebung der Formen des alten Reiches, das allerdings besonders auf dem Gebiete der Sculptur nie übertroffene Werke geschaffen. Die Furcht vor dem Rückgang hatte die Kunst auf dem damals erreichten Gipfel stehen zu verbleiben gezwungen, und Fortschreiten hiess später — eine alte Wahrnehmung, die auch GAYET bestätigt — nur

---

[1]) Von den übrigen gebräuchlichsten Symbolen der ältesten Christen: der Vogel mit ausgespannten Flügeln und das fahrende Schiff, das mit geblähtem Segel einem Kreuze gleichsieht, der gute Hirt, der Widder, das Lamm, der Hahn, die Buchrolle, die Lyra, die Palme, das brennende Herz, die Weinkelter etc. sehen wir die koptischen Künstler wenig oder garnichts darstellen. Ihren griechischen Glaubens- und Zeitgenossen mussten von der anderen Seite viele der ägyptischen Sinnbilder unverständlich bleiben. Byzantinische Symbole wie die Hand, deren Arm unten mit einem Fusse endet, die segnende Hand etc. finden sich nicht unter den koptischen. Das Ornament in den oberen Ecken von Taf. XX, Fig. 25 soll doch wohl, wenn auch in stilisirter Form, einen Anker zur Anschauung bringen.

von neuem näheren Anschluss an das Aelteste suchen, wovon man sich schon zu weit entfernt zu haben meinte.

Als das Christenthum die tiefgehendsten Wandlungen in jeder Regung des materiellen und geistigen Lebens hervorrief, mussten diese Umgestaltungen natürlich auch die Kunst berühren. Einer durchgreifenderen Reform war dieselbe seit Jahrhunderten nicht unterzogen worden, und wir sahen, wie die Kopten das Altägyptische über das Griechische hinweg den neuen Zwecken dienstbar zu machen verstanden.

In der Poesie ist dies kräftigere Zurückgreifen in die alte nationale Weise gleichfalls nachweisbar; denn es haben sich koptische Dichtungen erhalten, die sich eng genug an ältere aus der Pharaonenzeit schliessen. Wir erinnern nur an das gereimte koptische Lied, welches Christus in der Weise des Heliand ausziehen und, von Ort zu Ort schreitend, seine Feinde vernichten lässt, und das auf den bekannten Horustext von Edfu zurückgeht[1]), der uns den streitbaren Sohn des Osiris zeigt, wie er, von Gau zu Gau wandernd, die gleiche Aufgabe erfüllt.

Dies »die Feinde Vernichten« ist eine unzählige Mal in religiösen wie in historischen Texten aus der Heidenzeit wiederkehrende Formel. Der Verstorbene sieht es als sein höchstes Ziel an, dem Pharao gilt es als vornehmster Ruhmestitel, ja selbst einem Gotte kann nichts Herrlicheres nachgesagt werden als der Vernichter seiner Feinde zu sein, und auch die Religion, welche den Feind zu lieben gebietet, vermochte am Nil dem Wunsche, dem dieser Satz Ausdruck giebt, nicht zu entsagen. Das conservativste aller Völker besingt den Heiland, der diejenigen zu segnen befiehlt, die uns fluchen, genau in der nämlichen Weise wie den den Seth Typhon und seine Genossen zerstreuenden und erschlagenden Horus.

Auch die erzählende Kunst übersieht geflissentlich in einer Zeit, in der der köstliche goldene Esel des Apulejus noch die halbe Welt zum Lachen reizte, in der die hübschen »Aethiopischen Geschichten des Heliodor« (eines Bischofs) Tausende ergötzten, und Achilles Tatius — wahrscheinlich ein alexandrinischer Christ aus dem Anfang

---

1) Naville, Textes relatifs au mythe d'Horus recueillis dans le temple d'Edfou. Genève et Bale 1870.

des vierten Jahrhunderts — einen Roman Leukippe und Klitophon den Freunden eingehender Betrachtungen über die Liebe und ihre Spielarten längst geschenkt hatte, was sie an hellenischen Vorbildern besass. Die ägyptischen Erzähler stellen sich auch hier geflissentlich in Gegensatz zu den griechischen und lateinischen, die, wenn sie auch Christen waren, auf dem Gebiet der rhetorischen Kunst jede Andeutung auf christliche Dinge zu vermeiden suchten; denn sie wollen nichts als Christliches kennen, und vergleichen wir ihre Erzählungen mit denen ihrer heidnischen Vorfahren, so gebührt diesen unbedingt der Vorzug. Das Märchen von den beiden Brüdern, die Zaubergeschichte im Papyrus Westcar und der Roman vom Setnau sind knapper gefasst, sachlicher und weit fesselnder als z. B. die koptische Lebensgeschichte des Apa Schenuti († 451), die sein Schüler Bêsa erzählte. In der naiv schlichten Vortragsweise gleicht diese weit mehr den heidnisch-ägyptischen als den griechischen Vorbildern, doch erreicht der christliche Erzähler keines von beiden; denn der ausserordentlich prätentiöse und durch übertriebenen Glaubenseifer sowie eine ungezügelte Wundersucht vielfach unwahre Inhalt passt schlecht zu der kindlichen Einfachheit der Darstellungsweise. Die christliche Literatur der Kopten blieb trotz der griechischen Epoche, die zwischen beiden lag, noch weiter hinter der heidnischen zurück als die Kunst, die ja auch nicht über die ersten Stadien der Entwickelung hinauskam.

Die alten Symbole, mit denen diese Blätter sich beschäftigen, sind nicht nur als Proben eines mehr oder minder glücklichen Geistesspieles vergangener Geschlechter zu betrachten.

Je näher wir ihnen traten, desto voller reifte in uns die Ueberzeugung, dass man mehr in ihnen zu sehen hat. Stellen sie doch nicht nur Gegenstände dar, die der Geist aus der Fülle der vergänglichen Dinge erlas, um sie, indem er sie mit einem ewigen Gedanken beseele, in eine höhere Ordnung zu erheben, — sind sie doch vielmehr auch als Kinder der innigsten Verbindung zu betrachten, die es Religion und Kunst in alter Zeit zu schliessen vergönnt war.

Wie die Religion Gott aus seinen Werken erkennt, so braucht die Kunst diese Werke, um Göttliches zur Anschauung zu bringen; wo aber der Kunst das Vermögen noch abgeht, Schönes, Grosses und Tiefes über sich selbst hinauszuführen, es gleichsam zu verklären und ihm den Stempel des Göttlichen aufzudrücken, da reicht ihr die Religion als Verbündete das Symbol. Sie hat es mit den höchsten ihrer Gedanken und Empfindungen gesättigt, und auch wenn seine Wiedergabe nur die Kenntlichkeit und denjenigen Grad der Schönheit erreicht, der erforderlich ist, um die Stimmung des Beschauers nicht zu beeinträchtigen, wird er in ihm die Gedanken wachrufen, die das Symbol, mit dessen Bedeutung er vertraut ist, versinnbildlichen soll. Das einfache Kreuz, das bestimmt ist, an Jesus Christus, seine Leiden und sein aus Liebe für die Menschheit vergossenes Blut zu erinnern, wird verschiedene Bilder in dem Beschauer erwecken; in demjenigen aber, der dem Heiland das warme Herz erschloss und dessen Einbildungskraft die Liebe beflügelt, sicherlich nicht weniger schöne und lebensvolle als die Kunst, soweit sie nicht von den gottbegnadigsten Grössten geübt wird, ihm vor die Seele zu führen vermöchte.

Das Sinnbild auf den koptischen Denkmälern hat fraglos die religiöse Wirkung dieser Monumente gesteigert, auch erhielt es neben der Glaubenstreue jenes nationale Bewusstsein, jene liebevolle Freude an der Besonderheit des eigenen Volkes lebendig, die den ägyptischen Christen von der einen Seite den Muth und die Kraft stählte, bis auf den heutigen Tag trotz unerhörter Bedrückungen und Verfolgungen das Bekenntniss der Väter und die nationale Eigenart zu behaupten, sie aber von der anderen Seite hinderte, das Christenthum als Weltreligion zu empfinden und sich als rechte Brüder und Schwestern der grossen Christenfamilie zu fühlen, von der selbstaufgerichtete Schranken sie heute noch trennen.

Den Ursprung bemerkenswerther Erscheinungen zu ergründen, ihre Wurzel bloszulegen, gehört zu den vornehmsten und sicher zu den reizvollsten Aufgaben der historischen Forschung, und wenn uns dies Ergründen und Bloslegen wenigstens bei einigen Objecten unserer Untersuchung gelang und es uns dabei glückte, den Geist des hier behandelten nicht unwichtigen alten und doch nur Wenigen bekannten Thätigkeitskreises der Kunst recht zu verstehen und fasslich wiederzugeben, wollen wir es nicht bereuen, die dieser Arbeit gewidmete Zeit anderen noch unvollendeten Arbeiten entzogen zu haben. Die Freude, die jedes Vordringen in ein neues Gebiet in dem Forscher erweckt, haben wir ohnehin ungeschmälert genossen. Nicht am letzten wünschen wir aber, dass diese Schrift rüstigere Mitforscher veranlassen möge, zu den von Gayet veröffentlichten andere verwandte Monumente in Aegypten und in den Museen zu sammeln und auch sie der Wissenschaft zur Verfügung zu stellen. Sie werden die vorliegende Arbeit vervollständigen und an manchen Punkten berichtigen helfen.

Von den hier behandelten Symbolen haben einige ganz gewiss von Aegypten aus den Weg in das christliche Abendland gefunden. Bleibt uns die nöthige Kraft und Zeit, so denken wir auch denjenigen Ideen, legendarischen Traditionen, Kultusformen und Geräthen eine Betrachtung zu widmen, die die christliche Kirche den alten Aegyptern, meistentheils in Folge des Einflusses der Alexandriner, entlehnte.

Der Stoff ist überreich, und seine Behandlung wird sehr viel mehr Raum und Zeit in Anspruch nehmen als die vorliegende Schrift. Bisher ist nur verschwindend wenig Einzelnes aus dem zu betretenden Gebiete wahrgenommen und hervorgehoben worden.

Was hier an den Sinnbildern erwiesen wurde, geht auch aus den Eigennamen der Aegypter in den ersten Jahrhunderten nach Christus hervor. U. Wilcken sammelte sie, und auch in dem stark hellenisirten Fajjûm beziehen sich viele noch nach dem dritten Jahrhundert auf heidnisch-ägyptische Götter. Aus nationalen Gründen gab man ihnen vor den griechischen und später sogar oft vor christlichen den Vorzug. Fromme Anachoreten nennen sich nicht selten nach hervorragenden Persönlichkeiten aus der Schrift, viele aber lassen sich bis an ihr Ende Serapion, Nilus, Ammonius, Möris, Anubis und ähnlich rufen.